经营难题的
50 个答案

解忧店长

[日] 鸟越恒一 著

李贺 译

中国科学技术出版社
·北 京·

TENCHO GA KANARAZU BUTSUKARU "50 NO MONDAI" WO KAIKETSUSURU HON

Copyright © 2015 by Koichi TORIGOE

First original Japanese edition published by PHP Institute, Inc., Japan.

Simplified Chinese translation rights arranged with PHP Institute, Inc. through Shanghai To-Asia Culture Co., Ltd.

All rights reserved.

北京市版权局著作权合同登记 图字：01-2020-3894。

图书在版编目（CIP）数据

解忧店长：经营难题的50个答案 /（日）鸟越恒一著；李贺译.
—北京：中国科学技术出版社，2020.8

ISBN 978-7-5046-8734-0

Ⅰ.①解… Ⅱ.①鸟… ②李… Ⅲ.①企业经营管理—问题解答 Ⅳ.① F272.3-44

中国版本图书馆 CIP 数据核字（2020）第 132642 号

策划编辑	申永刚　杜凡如
责任编辑	申永刚　陈　洁
封面设计	马筱琨
版式设计	锋尚设计
责任校对	焦　宁
责任印制	李晓霖

出　　版	中国科学技术出版社
发　　行	中国科学技术出版社有限公司发行部
地　　址	北京市海淀区中关村南大街 16 号
邮　　编	100081
发行电话	010-62173865
传　　真	010-62173081
网　　址	http://www.cspbooks.com.cn

开　　本	880mm×1230mm　1/32
字　　数	110 千字
印　　张	6
版　　次	2020 年 8 月第 1 版
印　　次	2020 年 8 月第 1 次印刷
印　　刷	北京中科印刷有限公司
书　　号	ISBN 978-7-5046-8734-0/F·897
定　　价	59.00 元

（凡购买本社图书，如有缺页、倒页、脱页者，本社发行部负责调换）

前言

　　正如本书的书名，本书旨在为面对问题、烦恼不已的各位店长答疑解惑。因为店长们遇到的问题大致是相同的，所以不论您从事何种行业、年龄几何，也不论您店面的大小、店铺的地点和店员人数，您都会在本书中找到解决问题的答案。

　　那么，我为什么敢如此自信呢？

　　因为我算得上是日本国内给店长出谋划策最多的咨询师了。几乎每周我都要接待60余位店长，算下来一年的接待数量超过4000人。从业至今，我接受了5万多位店长的问题咨询，并一一向店长们提出解决方法。

　　有的店铺要求24小时营业，店长们随时会遇到问题，我也"24小时待机"，随时准备接受店长的咨询。近来，除了面谈和电话商谈外，我还收到了来自不同店长的邮件和LINE

消息。如果我觉得店长遇到的问题十分严峻，那么我会立刻赶往店里。有时店长们只是找我发发牢骚，说的事情根本就不重要，这种交流我会断然拒绝。本书以再现我和店长们的商谈往来的形式，来回答店长们的问题，为各位店长解忧。

某些案例中我的言辞会比较激烈，没有恭维和客套，还请各位读者理解我想为店长解决问题的初衷。

为什么我会如此热衷于为店长进行问题咨询呢？因为我曾经是一个失败的店长。我曾经把自己的强势和禁欲的工作风格强加给自己的员工，会很严厉地教导和批评我的员工，在他们看来我就像魔鬼。我甚至会辞掉我的员工，而有的员工做得很好却主动辞职，这样的事情屡次发生。

当时，我再怎么努力，店里的情况也没有改变，甚至越来越坏，我不得不接受这样的残酷现实。最终情况发生了改变，对于我来说，不仅是我自己店长身份的变化，也是我人生发生改变的契机。

正因为我有过这样的一段经历，我才对店长这份工作的辛酸有清楚的认识。可以毫不夸张地说，店长就是店铺的全部。店铺的事务由店长负责决定，店铺的经营状况又决定了企业的经营状况，因此店长的责任远比店长本人预想得重大。

当我和店长见面时如果觉得对方的性格不适合做店长的

话，我会当场直言不讳。这不仅对店长来说是一件好事，对店铺来说亦是如此。

如果店长有干劲儿，掌握了本书中总结的要领，并且付诸实践，我相信大多数店长都会在实际工作中得到成长。

店长这个岗位无疑是十分辛苦的，但也是十分重要的。这份工作使店长与很多人产生联系，还会使店长在工作中不断地遇到难题并且想办法解决。而我在为店长解决难题的过程中不断地积累着宝贵经验。

不管是马上就要走马上任的新店长，还是已经在一线拼搏了十年的老店长，希望阅读本书能对各位的工作有所帮助，能逐渐感受到店长这份工作带来的乐趣，激发自己继续拼搏的斗志。若能如此，不胜荣幸。

鸟越恒一

DIC干部培养咨询股份有限公司董事长

第2章

店长的烦恼
人才培养 ———————————— 61

第3章

店长的烦恼
录用、人事问题 ——————————————— 87

第4章

店长的烦恼
销售额、利润、顾客满意度问题 ——————————— 121

第5章
店长的烦恼
各类事故 — 151

终 章
成为优秀店长后的烦恼 — 167

绪 章

成为店长前的
种种问题

事业该从何开始

难题 **1** 突然被告知"下周你来当店长"。

―

 答案 **这是一次机会啊！高兴地接受这次任命吧。**

突然收到"店长任命书"。

某天，你的上司突然对你说："明天你来做××店的店长。"这种情况在任何行业都有可能出现，再平常不过了，可是这会让一直在自己岗位默默工作的你大吃一惊。出现店长空缺的原因可能是有的店长突然辞职，也有可能是有的店长通过正常的人事手续办理离职，当然也有可能是为了用光带薪假期提前一周或一个月提出辞职申请。无论哪种情况，对于你来说，会觉得这是很突然的人事任命。

解忧店长
50个经营难题的答案

如果你做到了副店长或店长候选人的职位，那时你便做好了有一天会被拔擢为店长的心理准备。可是各家公司的人事制度不同，如果你的公司没有上述两个职位，直接让你做店长，那的确是有些突然。当然还有一种让人措手不及的情况是刚刚晋升为副店长的你立马被任命为店长。

　　在没有做好心理准备的情况下被任命为店长，换作任何人都会手足无措，一头雾水。有的人会说先考虑一下而最终拒绝升职任命。可是，机会不是天天都有的。对于这种晋升，最基本的做法是欣然接受。

　　如果这个时候你表现出苦恼或者犹豫不决，反倒会让上司对你产生不好的印象，而且自己的心情也不会变好。所以，还不如一开始就欣然接受这份人事任命，先别管自己能不能做好，把各种不安情绪放到一边，积极地回答："谢谢领导肯定，我会好好做的。"以此给自己加油打气。

店长不同于店员。

　　在接受人事任命后，你就要换一套思维。你能够被任命为店长，肯定是你作为普通店员的表现得到了认可。然而，成为店长之后的你就变成了管理者，你能否让店铺稳定运营尚是未知数。

有很多人在成为店长后还像以前一样努力地做着普通店员的工作，这也无可厚非，因为毕竟之前就是做店员工作的。可是，既然已经是店长了，别人就不会按照店员的标准来要求你。如果你还是做老一套，那么店铺就没有人来管理了。所以，要清楚地认识店长的职责是什么。

在餐饮店和零售店中，店长同时也做着普通店员的工作，有的店长还是店里的"招牌店员"，可是仅是如此的话店铺肯定会面临失败。店长要站在管理层的角度来做店员的工作，在工作中培养、教育员工。如此一来，店长既可以处理店内日常事务，还能做好管理工作，一举两得。

通常店长都是在工作中给店员做出示范，这也是培养店员的一项重要内容，但是不能疏于店铺管理。你在成为店长后最先要做的就是意识到自己的身份从"店员"向"管理者"转变。

店长的三项任务。

接下来介绍一下店长的三项任务。

（1）培养人才

店长最为重要的任务便是培养人才。店长要培养店员，让店员成为自己的"分身"。如果不去培养这样的店员的话，店长就要永远去做店员所做的简单工作。所以，人才培养是店长的第一要务。

（2）创造适当的收益

店铺运营是有一定的收益预期的，因此要努力地实现收益。"我刚刚升职为店长还不能立刻赢利"，这种借口是说不过去的。因为从你上任那一刻起，企业就要求你的店铺有收益。

（3）践行经营理念

每家公司都会制定自己的经营理念、信条、行为规范等内容，并以此为公司的核心。作为店长，要在工作中以身作则、起到表率作用。

这三项任务需要你在成为店长前就掌握，提前做好当店长的心理准备。

难题

2 当店长的第一天该做点什么？

 答案 **与店员逐一面谈。**

记住每个店员的相貌和名字。

你当店长的第一天到店里后最先做什么？这着实是个难题。不仅是新上任的店长要考虑这个问题，被调到其他店铺的老店长也会面临同样的问题。

上任当天应该做的事情是与店员进行一次深入的交谈。为此，要事先看一下每个店员的简历，并了解每个店员在店内的工作经历、人事考核结果等。如果前任店长不是突然离职，作为新店长的你是可以从人事部门拿到这些资料的。

你同时还要关注一下店铺的数据，至少要看到前年的数据，重点掌握以下内容：店铺利润表（PL），客单价与顾客数变化，用ABC分析法确定店里的热销产品，以及以往做过哪些宣传推广活动等。

店长上任第一天还有一件事情要注意，那就是要比任何人都早到店里，然后根据自己之前记住的店员信息和来上班的店员打招呼，说些"小张，早上好，今天也要努力工作！"之类的话语。当天尽量抽出时间，与每个店员面谈。

为了避免突兀，最好不要突然出现在店里和店员打招呼。如果前任店长不是突然离职，可以由前任店长将你介绍给店员，陆续交接工作，在和店员面谈时请人事部门或者相关部门的人一同参加，尽量避免尴尬。面谈不是拘谨的谈话，主要是和店员们聊一聊。做好以上这些的话，便会是一个良好的开端。

难题 **3** 如何把店铺打造成自己理想中的样子？

——

答案 如果真的想对店铺进行改造，首先要做的就是什么都不改。

在做出评论前，先把握现状。

当上店长的人越是有干劲儿，就越是想进行大刀阔斧的改革。有的店长进入新店之后就说这家店需要改革。"改革"这个词好像很好听，但是你这么说的话就是对店铺以往的否定。如果你一到店里就说"你们怎么这么做工作""这么做不行"，或者说些前任店长的坏话，对店员的工作指手画脚，吹嘘自己之前的业绩，批评这家店哪里都不行的话，那你肯定做不好店长工作。

很多人到了新的店铺之后真的特别想改变点什么，比如工作的步骤、物品的摆放位置，就让店员立马去执行，其实这会让店员很为难。

初来乍到的新店长在把自己的想法强加给店员之前首先应该掌握店里的现状。问一问店员："按照前店长的做法工作的时候，大家有没有发现不合适的地方？"

在和店员面谈的时候可以说："我想听一听大家的想法，想通过大家的心声来了解店里的真实情况。"因为除了各种数据，你是无法全面了解店铺的实际情况的，所以，面谈时可以和各位店员补充说："我想让大家在更加舒适的环境中工作。"以此让店员表达自己的真实想法。

用提案的方式向店员传达解决问题的方法。

和店员面谈之后再开始具体工作，你就能清晰地看到店里的各种问题，提出质疑"就是因为这些问题的存在，店里业绩才不好吧"，并制订出一套解决办法。要注意，店长应该以提案的方式把自己的解决方法传达给店员，而不是采用强制性的方式。

你可以这么说："在面谈中听了大家的意见，发现在具体工作中也的确存在这些问题，我想这样解决这些问题，想听听大家的意见。"

听到你的这番话，店员在知道你的解决办法后很有可能会提出一些改进意见，使你的解决方法更具可行性。"嗯，大家提的完善意见很中肯，那我们就这么修改吧。"如此一来，店员也参与到店铺运营策划当中了。

反之，如果你直接强行推行一套解决方案，并不去听取店员的意见，那你的"独裁"也就开始了。要知道，店铺运营不是你一个人的事，是店长和店员一起努力的结果。为了强化团队合作，在拟订好解决方案后要听取店员的意见。

其实当你听取了店员的意见后，你就已经和店员建立了联系。店员也知道了你要做什么，所以当你命令店员去解决问题时，店员已经掌握了要领，根本不用你再去监视他们。如果能做到这些，就可以说你在店长这个岗位上迈出了成功的一步。

用"不变"来"改变"店铺。

初为店长，如果操之过急，很可能竹篮子打水一场空；如果过于强势，会让店员产生恐惧情绪。真要想改变店铺，店铺最好最初什么都不改变。

首先，维持现状就可以。其次，新上任的店长看到店里的优点要积极地肯定，不能只抓住店里的弱势不放。经常把对店员和店铺的赞赏挂在嘴边，店员就会自己主动延续之前对的做法。通过这样的方法可以培养团队的内部协作能力。能和店员顺畅交流的话就不会导致店内的运营出现大的问题。

总结下来就是新上任的店长别上来就想着"改革"，要去了解各个店员的特点，努力培养团队协作能力。上来就打破店内原有的团队合作关系会让店里出现混乱，这是最大的忌讳。

但是如果什么都不改的话，那花时间和店员面谈还有什么意义呢？那就把需要改进的地方在和店员的协同过程中逐步改善吧。

做到以上这些的话，店内就自然会有变化产生。店员会觉得"店长听了我的意见，是一个贤明的店长""店长是信任我们的"。如果前任店长不是这样的人的话，那对比之下，店员会更加积极主动工作。这就是店里的变化，而促成这些变化的正是新店长本人。

如果做到以上提到的这些，那你就克服了第一重困难。

11

但是这也是一个陷阱，没有要改的东西才最麻烦，你可能是因为怕改革中出现各种问题，也可能是小看了店里的复杂情况而无所作为。

不要放过店里的细枝末节，要一一加以注意，这样你便会迎来全然不同的开局。希望新店长可以尝试一下。

第1章

店长的烦恼

人际关系

难题 4

年长的店员不听指挥怎么办?

答案 请年长的店员配合工作,店长及时与其沟通,并且表达对其的感谢,使年长的店员成为自己的工作支持者。

"我需要您的帮助,还请您多多配合。"

在餐饮店和零售店里都会有年龄比店长还大的店员(包括兼职人员和小时工)。在女性店员较多的店铺,比如咖啡店、家居杂货铺、服装店、美发店和按摩店等,年轻的女店长和年长的女性店员一起工作的场景也是很常见的。所以,总会有店长来和我咨询这个问题。

在这样的店铺工作要做的就是关爱店员,对年长者更加

解忧
店长

50个 经营难题的答案

尊重，年长者就会产生"就算是为了店长也要努力工作"的想法，进而配合店长工作。

年长者被年轻的店长分派任务总会觉得心里有些不舒服，会想："那么年轻，没什么社会经验却对我指手画脚，真是不服。"所以，年长的店员很有可能不会听店长的安排。

即使如此，店长也不能对年长店员有成见，那要怎么做才能让年长的店员对店长产生好感呢？人们都愿意配合诚实、勤奋的人。店长如果能得到店员的信任，就会更加容易地获得店员的支持与配合。

例如，店里有一位经验丰富的年长店员，他不按照员工手册的规定而是根据自己的经验来工作。这种情况下不要强迫他去遵守员工手册，因为即使强迫他，他也可能不会听。

因此，店长要做的是得到每一个年长店员的协助。可以这样和年长的店员说："虽然我还很年轻，经验不足，但是我接受了任命，我想全力做好店长工作，我希望能够得到您的指导和帮助。"之后再说："因为我处在店长这个位置，有的时候会说些比较严厉的话，还请您别放在心上。而且我也是对事不对人，您肯定理解的。这种话我不可能当着大家的面说，所以私下和您说，如果有什么误会还请您原谅。"先和对方道个歉说些好听的话，等到真正出现问题的时候，你也好做出处理，你可以说："您看，我之前也说过，您的做法和员工手册的要求不太一样，大家会觉得不太合适，您看您能参照员工手册的要求对自己的做法做些修改吗？"这样一来你的意思也传达了，也不会产生误会。

把年长的店员当成协助者而不是当成捣乱者。

如果没做到上面提到的内容，没有提前做好年长店员的思想工作的话，就直接批评年长的店员，就很容易招致年长店员的不满，使其成为店里的"反对派"。有的年长店员在店员中很受尊敬，如果他和自己身边的店员联合起来反抗店长，那事情就严重了。

为了避免这样的事情发生，要给年长的店员打好"预防针"，虽然看着很麻烦，但却是必不可少的过程。在和年长的店员交谈中如果加上一句："我想这样改变工作方法，您觉得合适吗？"这句话的作用其实是很大的，如果年长的店员回复说："我觉得可以。"那他就成了你的支持者。如果没有事先同任何人商量就让大家改变工作方法，那店员肯定觉得你这个店长滥用职权、为所欲为。所以，店长要事先和店员商量，尤其是年长的店员，获得店员的支持。

即使没能得到全体店员的支持和理解，如果店长能保持低姿态、态度诚恳，那么年长的店员也会成为你的支持者、拥护者。

遇到年长的店员时，店长可先把他说成是其他店员的榜样，给他戴一顶高帽，这样更有利于继续开展说服工作。"大家都以您为榜样，参照您的方式工作，如果您的方式方法出了问题，会对全店产生影响，所以还是请您按照员工手册上说明的方法来做。"

你这样一说，对方也会容易接受。店长在其他员工面前可以说："大家的老前辈已经知道自己的问题所在了，也已经调整了工作方法，还请大家继续向他学习。"同时，也不要忘记向大家表示感谢，感谢大家的配合与协助。

如果个别的年长员工不听劝，那就做好将其辞退的准备。

如果和有问题的年长店员说尽好话，他还是不听，那就只好辞退他了。但是为了避免辞退店员，店长还是应该做好前期的劝说工作。如果劝说之后，对方仍然油盐不进，再将其辞退才是最好的选择。说得难听些，店铺不是给这些顽固的店员开的。店长应该做两手准备：其一就是上面提到的，劝说其改正，按照合理的流程做工作；其二是，如果对方什么都听不进去甚至公然反对店长，那就将其辞退，别无他法。

没有做前期劝说工作，就将不听从自己命令的店员辞退是一种草率的做法。会让其他店员觉得店长排除异己。店长把该说的都说了，该做的都做了，最终出于无奈才辞退店员，这样也不会再有刺头出现，剩下的店员更加愿意跟随店长工作。看到店长诚恳地对待年长固执的店员，其他店员便会自觉地按照正确的流程开展工作。

一开始不要对年长的店员有抵触情绪，其实这些店员是可以变成自己强有力的支持者的。这样的店员一旦决定追随你，便会成为你的左膀右臂，而且不会背叛你。你甚至可以放心地把重要的工作委任给他们。他们甚至可以替你分忧，帮你给其他年轻的店员分配工作，让你有更加充足的时间去做其他更复杂的工作。这样有经验的年长的店员，当然最好留为己用了。

难题 5
因为工作忙得团团转，所以
没有时间和店员交流。

答案 你真的没有时间吗？向店员询问一句："今
天感觉怎么样？"这连一分钟都用不了。

交流只需几秒钟。

刚当上店长的人总会说"我现在没时间""我好忙"之类
的话。有的店长会向我咨询："我真的是太忙了，抽不出时
间和店员交流沟通。"对于这样的店长，我会反问他们一句：
"您觉得和店员沟通需要多长时间？"不可否认，和店员沟通
是十分必要的，但是也没有到每天必须用10～15分钟一对一
面谈这种程度。即使再忙，店长每天用1分钟和店员交流的时
间还是有的。

"早上好。哎，今天脸色怎么不太好，是哪里不舒服吗？"说这样一句话只需要5秒，可别小瞧了这么一句话，这也是和店员进行的一种不错的交流。

"今天你帮我把这个事情做一做。"像这种下达工作指令的话语不用5秒就能说完。

或者很随意地问店员一句："之前的工作开展得怎么样了？顺利吗？"得到对方正面回复后，店长可以说："嗯，做得很不错。"这也是一种交流。

和店员的交流不需要专门找一个时间约一个地点搞得那么严肃，简单的一句话就好，同时也要注意店员在回复时的语气和表情。

以上提到的都是店员出现在你眼前，你和店员用语言进行交流的情况。还有一种就是眼神和表情的交流。微笑着给店员一个肯定的表情，也是一种不错的选择。临下班前，店长可以问店员："今天的工作开展得怎么样，学会怎么做了吗？你做得很不错，明天也要继续加油干，快收拾一下准备下班吧。"这样的交流连1分钟都用不上，如果店里有10名店员，差不多10分钟就能和每一个店员都说上几句话。而且大家都有午休时间，店长可以利用这段时间和大家聊一聊。店长再怎么忙，一天之中肯定能挤出10分钟时间与店员交流。

店长工作的优先级是什么样的？

优秀的店长会把和店员的交流放在第一位。反之，无能的店长才会只看重店铺的日常工作。这种工作因为简单易于操作，所以很容易做出成绩而实现精神满足。

但是店长不应该去做这种工作，要知道你是店长，要做管理者该做的事情，日常店里的工作交给其他店员就可以了。

假设在店里你作为店长带领10名店员工作，如果每名店员的销售额算作1，你的销售额该算作多少？和店员一样，也是1。不会因为你是店长，你接待的时候客单价就翻倍。在餐饮店里一切靠菜品说话，顾客不会因为店长来接待就点两份餐吃。因此，你的任务就是让店员开开心心地完成销售业绩，保证全店10的销售额。万一你因病缺勤，没有你的时候店员还是能够维持店铺运转。但是，如果10名店员全翘班了，你一个店长能做什么？你是无力回天的。所以，店长就别去做接待、销售这些工作了，打造一个好的工作环境，多和店员交流是不会错的。

换句话说，店长不和店员交流沟通就是放弃了店里的管理工作，所以每天抽出10分钟和店员交流，一人1分钟，不用太多，而且务必要把这个工作放在首要位置。如果你实在很忙，忙到连完整的1分钟都挤不出来，那好办，分成3个20秒。早会、午休、下班，各用20秒和店员说上一句话是可以实现的。如果连这都做不到的话，我认为你真的不适合当店长，还是辞职算了。

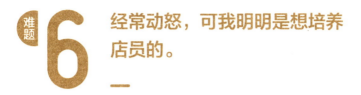

难题 **6**

经常动怒，可我明明是想培养店员的。

—

答案 **你是真想培养店员吗？**
真想的话你是不会轻易发脾气的。

在店里只在少数情况下你才可以发脾气。

　　有的店长来找我咨询，说："我明明是想去培养手底下的店员的，可不知不觉就发了脾气。"这样的店长真是这么想的吗？我认为能说出这样的话的店长是不相信店员能够成长的。作为店长，我觉得在以下几种情况下你可以发脾气：①店员迟到了；②店员没有信守约定；③店员从一开始就不努力工作；④店员总是自我否定、不积极面对工作等。除此以外，你没有理由发火。

如果你发火了，但不是因为上述原因，那应该就是你觉得你的店员不会成长，并且想通过发火来让店员知道你对他的不信任。如果只是单纯地提醒店员没有做好工作，那根本没有必要发脾气。而且被你发脾气的店员也会觉得"店长不愿意培养我吧""他又哪里不顺了，找我撒气来了"。

店长的培养方式就没有问题吗？

那么，店长到底是因为什么发脾气呢？想必是因为自己没有能力好好培养店员吧。我希望各位店长知道：能够瞬间发脾气的店长肯定不能把店员团结成一个团队。

有的店铺经营不善，总部的上司有时也会提醒该店长："别脑子一热就发火。你发脾气只会打击店员的工作积极性。"然而，店长根本不听上司的意见，甚至会反驳说："不是我脑子热，是店员根本不往脑子里记东西。我就是提醒他一下而已。"

这样的店长根本就不想一想上司说的话里的深意，只想着依靠反驳来维护自己的颜面："是别人的不好，业绩不好也不赖我。"这样的店长基本都做不久，很多人难逃降职的命运。

如果你真想培养店员，你会对那些做不好工作的店员大吼大叫、破口大骂吗？我想你是不会这样做的。正确的做法应该是先反思自己。"他为什么用错误的方法呢？""是我教他的方法不对吗？"这样想的话，即使店员做错了，你也不会首先想着去责备他。当店员犯错的时候，别上来就批评他不好，问一问怎么了，让他再做一次试试，或者告诉他怎么改正，多用积极的方式去引导。

可以严厉，要有理由。

我刚毕业进公司那会儿，我的女上司天天对我发火。她对我实在是太严格了，压力导致我工作第一年便患上了胃溃疡。那个女上司不是对所有人都这样，偏偏针对我。对工作严苛本无可厚非，她甚至要管我的仪表，看我头发长短、看我衬衫熨没熨平整。我当时特别恨她，她为什么这么针对我？我做了什么事惹到她了？我甚至想要报复她。

多年以后，我和那位女上司都离职了。有一次一起吃了饭，我在饭桌上对她抱怨说："您当时对我太严厉了，经常对我发脾气，我那时特别恨您。"然而，女上司反问我："刚进公司的时候你写的目标你还记得吗？"我说自己忘记了，她接着说道："你写的是你想做到最好，想成为第一名。"

其实入职那年我没有仔细想过自己的目标，随便写了一句而已。当年共有100名毕业生入职，第一年年底我作为优秀员工受到了公司表彰。

　　那位女上司以前也曾经接受过表彰，所以她知道我的问题在哪儿。"这种成长速度没办法成为第一""这种程度的学习是远远不够的""举止、仪表、言谈也必须都是最好的才行"，为了让我成为最优秀的员工，她才对我极为苛刻。

　　女上司又说道："原本我的工作就不是让你喜欢我。"这下我才彻底明白她为什么如此对我。

　　员工如果定下了比较高的目标，那上司就应该对他高标准、严要求，但是要事先说清楚理由。如果你的店员也想成长为一名店长，那你就要给他设置较高的门槛，不断敦促他努力工作，给他打好"预防针"之后就不会出现问题。店员在遇到困难要退缩时，你就可以问他："不是要在明年当上店长吗？这点困难你就退缩，这是不行的。"他也不会觉得你是在发脾气批评他。

　　总结说来，容易动气训斥店员的店长并不是真心想去培养店员的，也不相信店员能够成长。生气也是为了自己的无能而生气。当你真的想生气的时候，想想自己是不是哪里做得不够好。

在不得不警告店员时，店长能严厉地对其批评吗？

—

没有必要批评店员，有其他方法警告店员。

摆事实、讲道理才是最严厉的警告。

前文中提到了发脾气严厉批评店员的店长，与之相反，有的店长在店员做错事的时候甚至不敢提醒或者警告。有的店员多次违反店内规章，店长也不敢对其进行严厉的教育，因为店长害怕自己语言过于激烈让店员产生消极情绪。

如果你是这样的店长，那就不要严厉地批评店员，而是把事实列出来让他知道。与其发脾气，不如对他的工作做一些评价。"这项工作一般店员平均6个月便可以掌握，你还不能熟练掌握是吧？""店里规定禁止迟到，你已经连续迟到4次了，你该怎么办？"就像这样把他的错误指出来，最后问一句"你想怎么办"，这比批评他还会让他觉得严厉。

有的店长也会直言不讳地说："这都迟到几回了？还想迟到多少次？"打完巴掌之后会再给一个甜枣，"虽然迟到了，但是你的工作能力还是很强的，下次别迟到了。"当然这种警告店员的方式也不算过激，但是与此相比，拿出店里的规章制度说话会更加具有说服力。

把批评店员的工作交给别人来做。

另外一种方法就是把批评店员的工作交给别人来做，比如让店里的其他员工来说。从某种意义上来讲，店长摆事实讲道理地警告员工，可能会导致团队的凝聚力下降，那么店长就可以把这种方式当作最后撒手锏使用。店长可以找一个替代自己批评人的店员，让他来批评。这个人可以是领班，或者是副店长。请这些人代替自己去提醒迟到的员工，并说明自己站在店长的角度上不想直接用最严厉的话语去批评。在10个人的团队里肯定要有一个人做这样的工作，但不一定是由店长来做，店长可交给其他人来做，同时店长一定要支持这个人的工作，可以当着所有店员说："店里一定是要有一个人来监督提醒大家工作的，我把这个任务交给了副店长。如果再让我提醒批评的话，那就没有好话了，所以希望犯了错误的店员能够接受副店长的提醒和批评，并且积极改正。"也就是说，不能把得罪人的差事推出去就不管了，你自己要和你的委派者站在同一条战线才行。

"我是对你充满期待的……"

很多女性店员的性格都比较稳重、温和，所以不要对她们发脾气，而是要传达"你有些令我失望"这个意思。实际上，比起令人发火，人们更不喜欢自己令别人失望。

例如，一个女性店员工作出了问题，你可以和她说："我一直是很信任你的，可你却把这个事情搞砸了，我真的挺失望的。不过我相信你还是会再接再厉继续做下去的。"你表达出对这名店员的期待和期许，她以后就会注意不让你再失望。

如果你是那种平常就不怎么发脾气的人，突然间发了脾气，会给别人留下不好的印象。如果偶尔你能很干脆地对店员说出你的不满和批评倒也还好，但是你要根本就不是那种人的话，还是表达对方让你失望的情绪比较好。

总结起来，店长应该做到张弛有度、赏罚分明，该表扬的时候表扬、该批评的时候批评。如果自己不愿意直接批评别人，那就晓之以理，让对方认识到自己的错误，或者请别人来批评犯错误的人。再有就是不批评，仅仅表达自己的失望，让对方认识到自己的错误。店长要弄清楚自己发脾气只是希望店员能够成长，能够遵守店里的规章制度。如果单纯地发脾气，店员也会有消极情绪。所以，店长要掌握不发脾气也能提醒店员注意的方法。

难题 **8** 即使忙得不可开交也不敢把工作
交给店员，怕他们做不好。

—

 答案 几乎没有什么工作是只有店长能做的。店长
怕的是把所有工作都交代出去之后自己无事
可做吧。

参加店长培训的店长不到一半。

我在很多家企业开展过店长培训活动，有一次在一家公
司做培训只有50人参加。这家企业下面有近百家连锁店，也
就是只有半数店长参加了培训。

为什么参加培训的比例这么低呢？店长的理由是培训当
天他们当班，抽不开身。要知道这种培训是总公司召开的，
按规定是要求全部店长参加的。而且，培训日期是早就通知

31

第1章 店长的烦恼 人际关系

到各个店铺的。店长本该根据总公司的日程安排来调整自己的当班日期。可能有的读者要说："这家店就是很忙，人手不够，缺了店长就不能正常运转了。"其实不是店里人手不足，而是没有能够代替店长的店员。那么，是店里真的没有能够代替店长的优秀店员吗？不是的，是店长不想把工作委派给别人做而已。说难听一点，越是无能的店长越不会把工作让出去。个中理由只有店长知道，他不想被架空，想保持自己高高在上的地位，想保住自己的饭碗。

通常店里的普通业务是可以由店员来做的，然而有的店长就是不愿意放手，让店员觉得这些工作都只有店长才能完成，想以此来得到店员的认可。

店长得到店员的认可是有很多途径的，比如正确评价店员的工作状态、培养店员、委派店员合理的工作、鼓励士气低落的店员、在店里业绩不好的时候以身作则、努力改善经营状况。这些都是很好的方法。

然而做不到上述这些方面的店长就只能抓住店里常规业务不放，以此得到店员的认可。嘴上说不放心把工作交给店员做，实际上就是怕店员把工作都做了自己无事可做。如果你也是这样的店长，希望你能好好反思一下自己的问题。

其他店员做不了的工作是测评副店长。

不知道作为店长的你是否曾经把自己的工作列出来过，如果没有，请你试一下，看看你的工作都有什么。列出来之后再看看哪项工作是只有你能做的，在这样的工作前面画上"○"，在其他店员也可以做的工作前面画上"×"。怎么样，有多少个"○"？

就比如说排班表，这个工作普通店员也可以做到。每个月店里的人工费是固定的，那么除去正式员工的工资，就是兼职员工的劳务费，再除以兼职时薪，就知道兼职员工的可工作时长。知道每个员工出勤的星期数和可出勤时间，很容易就能排出值班表。

再如，每天的日常工作有订货、拢账、写日报告，这些都可以直接输入计算机。用POS机收款也可以让店员来做。计算工资也有专门的计算表格，只要输入工作时长，谁都能够计算出来。

另外，我还建议企业的会议也应该面向副店长。我给我的客户提的意见是：如果要开12次店长会议，那么其中的2次由副店长代替店长来参加。这样副店长也可参与店里的资料制作，而且以后副店长升职为店长也可以很快适应这种会议。

　　这样看来只有店长能做的工作基本上是没有的，要我说那样的工作是根本就不存在的。如果非要说有的话，那应该就是"测评"工作了，因为对副店长的测评要由其直属上司来完成。而对其他店员的测评工作可以交给副店长来做，最终的确认再由店长完成。所以，对副店长的测评是只有店长才能做的工作。

　　店长把能分配出去的工作都分出去，把时间多用在和店员进行面谈交流上、和顾客接触上，用在策划新的促销活动上，以及用在去同行业店铺看看进行对比学习上。我希望店长能把自己的时间多用在一些具有创造性的工作上。

难题 9 如何取得店员和兼职
人员的信任？

——

答案 取得店员的信任前要先信任店员，把重要的
工作分派给他们。

分派给店员工作才是信任店员的证明。

如何取得店员和兼职人员的信任？其实这个问题的答案
十分简单：你先去信任你的店员。不信任别人的人，肯定不
会得到别人的信任。不用亲口对店员说："我特别信任你。"
只要把重要的任务分派给他就可以了，这就是一种信任。上
一个问题中，我提到了让店长列出自己每天的工作，把这些
工作按照优先级进行排序，依次分派给店员去做。对于一名
兼职员工来说，如果你让他做十分重要的工作，他会觉得自

第 1 章　店长的烦恼　人际关系

35

己得到了你的信任，工作上就会十分努力。同时，你也要对店员做的工作给予积极正面的评价。

可能会有人问："把工作都分派出去了，店长岂不是无事可做了？"这大可不必担心，每个员工都高质量地完成自己的工作，整个团队自然会取得理想的成绩，这有什么不好的吗？

店长千万不要独揽全局。

在之前的内容中我们提到有的店长事无巨细地把所有工作都包揽下来，仍然还有充足时间和店员沟通交流，称得上是"超人式店长"，但是我不建议你成为"超人式店长"。你不用过于追求自己的完美形象，偶尔有一些不懂的东西或者不知道的问题也是可以的。承认自己有不完美的地方、做不好的地方，会让你显得更有人情味儿。有做不好的工作就分派给其他员工好了。天天在嘴边挂着"这个工作我做得最好"这样的话，导致没人愿意去和你争这份工作，倒不如说："这个工作小李做得特别好，就交给小李做吧。"不断地把这种工作分派给小李，让他在工作中成长，这样他也会越来越信任你。有的店长向我咨询说："我想和店员之间的关系变得亲密，这样可以帮他们解决一些生活中的烦恼，该怎么做呢?"如果是这样的话，那你就选择了一条没有尽头的路。店员找你商量事情说明他是信任你的。可你不是这方面的专家，也给不出最优的解决意见，那就认真倾听好了。

还是那句话，你不是"超人式店长"，不要追求自己的店铺是最优秀的店铺，只要让大家在安心的环境中工作就好，努力地去营造这样的工作环境，让店员在你营造的环境中积极工作、稳步成长，这才是最为重要的。

当有店员和你商量一些事情时，你要善于倾听。在知道店员有和你商谈的想法时，你要安排出合适的时间，等店员手头工作都完成了再去商谈。如果占用工作时间去谈话，会十分影响工作效率。因为有的问题可以通过商谈立刻解决，而有的问题是要日后用时间解决的。最主要的是你要给店员创造出能随时和你交流的环境。

难题10_ 如何培养领导能力？

 答案 请阅读本书，你会在书中找到你想成为的领导的样子。

要想成为好领导，请别一上来就让我推荐参考书籍。

经常会有一些店长向我咨询："我刚当上店长，该如何成为一个好的店长？怎么样才能具备领导力呢？"还有些店长问我有没有推荐的参考书籍，或者问我有没有出版相关书籍。所以，每次和店长面谈的时候我都会带几本书籍，如果对方已经读过一些这方面的书籍，但仍然存有疑惑，那我会给他推荐一些我手头上的书，甚至会直接把我的书送给对方，以帮助他解决苦恼。但是对于那些一上来就问我有没有参考书

解忧
店长
50经
个营
答难
案题
的

的店长，我会说："不要问我有没有参考书。解决你问题的办法是要靠你自己努力想出来的，是靠你自己不停地读书找到的。"我是真心希望有各种苦恼的店长能够依靠自己的力量（学习能力、实践能力）来解决自己的苦恼。遇到困难就立马向别人求助的话是不会有成长的。痛苦时，你所做出的一些看似笨拙的努力在日后会给你带来意想不到的收获。

很多成功的企业家、领导和大人物们写的书已经出版了很多，大量阅读那些书找到和你的价值观相符的成功人士，在你找到这样的参照之前，请不停地阅读。如果让我推荐的话，假如我给你推荐了一本书，可是这本书里的价值观等都与你的不符合，你看完之后也不会有收获。所以，我建议你自己尽可能多地去读书，找到让你眼前一亮的书籍。当你找到这样一本书后，请你仔细品味、深度挖掘书中成功者的经验和思维模式。

领导也是各种各样的，有的表现得十全十美，有的要故意示弱让周围的人来帮助他，当然也有十分强势的。每个人的性格、特点各不相同，不能用自己不适合的模式来强迫自己，可通过大量的阅读来找到适合自己的领导形象。

至于我为什么这么强调大家阅读，那是因为我曾经是一个失败的店长，后来我觉得必须要做出改变，便开始大量阅读，并通过阅读最终实现了自己的目标。

难题 **11**

不擅长交流、表达。

 答案 我以前也有不擅长表达的问题，但这是可以通过练习克服的。

当好店长最基本的是要懂得交流技巧。

有的店长问我："当店长的门槛是什么？"我会回答："懂得交流技巧。"如果不能够和别人顺畅地对话的话，还是别做店长比较好。如果你是这样的人，在上司任命你的时候，你最好不要接受。

有很多人就是适合做店员，而不适合做管理人员。有的人特别会做基础工作，但是不会和其他人交流沟通，等他成为领导了，由于不与人沟通，他也不把工作交给下属做，这

解忧店长
50个经营难题的答案

40

就导致部门不像个团队，效率极其低下。如果店长不克服不会沟通这个缺点，是没办法好好履行店长职责的。如果当了店长后还是改不了，那就辞掉店长工作，做一个店员就好。如果还没当上店长，那就努力做成最优秀的店员就好，放弃当管理者的念头。

我曾经给我的客户提出过建议："还是不要让这个人当店长了，不然这家分店容易垮掉。"如果非要让他做店长，不仅是他本人，在他手底下工作的店员也不会好受。当然也有折中的办法，那就是副店长沟通能力强，让副店长和店长配合即可。但如果副店长的沟通能力也不强，那可就毁了，店里的氛围也会不好；如果有的店员在员工中比较有影响力，那基本就没人会听店长的话，店里一盘散沙，店铺迟早会垮掉。

出现这种问题和人事调动有直接关系，在中小型连锁店，这种问题更容易出现。所以，如果你当了店长还是要努力培养自己的交流沟通能力，除此之外别无良方。

提高交流技巧的训练指什么？

看了上述内容你肯定想着做些什么来提高自己的交流能力。那你该做些什么呢？有的人虽然想去克服这个困难，但是一想到太难于操作就放弃了。

　　我本人以前就很不善于与人交流，对之前未曾见过的人甚至没有搭话的想法。所以，在我刚当上店长的时候是十分辛苦的。我曾一直练习武道，是在十分严格的上下级关系中成长起来的，所以我觉得站在店长的立场上我肯定能够管理好店员。然而，我的店员中有的年纪比我大，还有一些兼职人员，这就导致我不能只靠店长这个头衔用上下级关系来管理店员。接下来给大家介绍一下我是如何练习与别人交流沟通的。"今天中午你一个人吃饭吗？一起吃怎么样？"像这样和别人搭个话，就可以一起去吃饭、交流了。不用管对方的年龄和性别，仅仅是邀请坐在你旁边的人一起去吃午饭，我从那时开始便一直这样做。

　　例如，在你参加研讨会时，到午休时间邀请你邻座的人一起去吃饭，你觉得会有多少人愿意去？除了自己带午饭的人，其他被邀请的人基本都会去。发出邀请前你肯定会想如果被拒绝了要怎么办，但是要知道，没有人会一开始就断然拒绝别人的邀请，所以，害怕被拒绝的恐惧也会渐渐消失。当研讨会结束时，你可以试试邀请别人一起吃个晚饭，如果午饭吃得比较开心，那么就可以邀请对方去喝一杯，大部分人不会拒绝，会回答说："那就去少喝一点吧。"接受邀请

解忧
店长

50
个
经
营
难
题
的
答
案

42

的大多是男性，女性基本会拒绝，并给出理由，比如要回家照顾孩子，或者还有其他事情等。我会给自己一个暗示：我可以和参加研讨会的所有人搭话，并邀请他们。这样我自己也不会有太多的戒心和顾虑。当然，有时候也会有话不投机的情况，当然，也有因一起吃饭相识，最终和我成为同事的人。长期坚持这么做的话，内向的人也会渐渐变成社交型的人。所以，如果你想和你的店员顺畅交流，那就好好做一些交流训练吧。

如果不擅长说，那就写出来。

有的人会觉得突然邀请别人一起吃饭太难了，那就从每天写感谢卡开始改变吧。

每天给店里的员工写一张感谢卡，上面可以写"感谢你今天努力工作"，每天写一张。有些话如果说不出口，那就写在纸上。你可以先持续一个月，一个月下来肯定会收到店员的回复，你和店员互相的文字交流既能够提高你的交流能力，也会提高你的文章书写能力。如果一个月之后你想写的内容逐渐重复了，那就改成一个月写一次，写一写可以让员工开心的话语。

难题 12 经常被区域经理批评。

 答案 被上级批评时不要道歉，要表示感谢！

及时向上级汇报，与上级多联系、商谈。

区域经理是统管几个分店的管理者，是连接店铺与总公司的桥梁。

有的店长会被区域经理训斥，有时候同一个区域总会有一个店长被多次批评，被批评的店长有一个共性，那就是没有及时向上级汇报工作，并且不经常与上级联系和商谈工作，特别是有一些不好的消息不及时向上级汇报，导致本可以通过及时向上级汇报就可以解决的问题，最后被耽误了最佳解决时机，因此才会被批评。

解忧
店长
50个
经营
难题的
答案

所以，如果是因为反馈信息不及时被批评，那你就要及时地反馈信息。如果能做到这一点，那你挨骂的次数肯定会少很多。也可以把"汇报、联系、商谈"重新排序成"商谈、联系、汇报"，把自己最关注的问题先和领导商量一下，然后再进行各方联络，最终做成一个完整的汇报书。为了使工作更加顺畅，你可以在周报告中写上自己想要商谈的事情，如果需要持续更新跟进，那就在每天的报告中做出一个表格来写想商谈的事情，并逐渐使这种模式定型。

被批评也不失落的秘诀。

有的上级就是那种特别容易发脾气的人，如果你被这样的人批评后就一直道歉的话，很容易形成一种区域经理就要骂人、店长就要挨骂的怪现象。这个现象一旦形成是很难改变的。问题不全出在店长身上，可店长不能上来就反驳区域经理。为了挨骂还不委屈，我交给大家的方法就是，被骂之后不说道歉的话，什么"对不起""我错了"都不要说，要表示出自己承认错误并且愿意改正的态度，但是不要道歉，更不能觉得自己没有错。被骂的时候，千万别一个劲儿地说"对不起""我错了"，这些话无异于火上浇油。你应该说：

"谢谢您的指正，我会参考您的意见。"这样的话既能表现出你态度谦逊，还能表达出上司的意见很中肯的意思。换一种说话方式，区域经理和你都会平静下来，对话也会朝着积极的方向发展，区域经理以后也会更多地以提意见的方式说出你的问题，而不是劈头盖脸地骂一顿。

如果你真的被区域经理无端大骂了一顿，如果你是目标很清晰明确的人，你不会在意这些，会觉得他的意见有一定道理，可以采纳；但如果你属于目标不明确的人，那你就会觉得都是自己不好，不断地道歉。

总结下来，挨骂时别把"对不起，我错了"挂在嘴边，改成说"谢谢"，那一切就没那么糟糕了。

13

上司太忙了，想和他商量工作却安排不上时间。

—

 答案 发生这种情况是因为商谈的时间不合适。你可以将自己的意见归纳一下，简洁明了地报告给上司。

是上司忙，还是你报告不及时？

根据企业的行业性质和规模不同，店长的上司有的被称作区域管理员，有的被称作区域经理。我的客户多是下辖6～10家店铺的企业。如果每家企业都是6家店的话，一共就有6名店长、12名正式店员和50～60名兼职店员。区域经理要同时管理这么多人肯定会忙得不可开交。

区域经理基本都是总公司的人，因此他会经常和市场部门、企划部门打交道，要经常参加各种会议。在会议上他也会被问道："店铺那边有什么意见？""店铺那边的反应怎么样？"区域经理要把前线的情况及时向各个部门传达。

　　所以，区域经理日程排得很满，工作的时候电话还会响个不停，一旦是店铺来的电话，基本就是出了乱子需要解决，不得不赶紧去了解情况。区域经理这么忙肯定没有充足的时间去店铺调查，当然这也是企业组织架构存在的根本性问题。别说去店铺调查，区域经理就连和店长进行商谈的时间都少得可怜。很多情况下只要一看就知道上司因为太忙火气很大，店长就会觉得："这种小问题就先别向区域经理汇报了。"但是想一想在上一个问题中我们提到的内容，不及时汇报问题的话，小问题会滚成大雪球，等你自己解决不了的时候再向区域经理汇报，那就等着挨批评吧。

汇报有技巧，方法要选好。

　　那么，店长怎么向忙得不可开交的上司汇报工作既能不挨骂，还能顺畅沟通呢？

　　我不知道你有没有想过，在你最忙的时候你最不想听别人和你说什么。是不是"您看这个要怎么做才合适？"如果说领导有充足的时间，那他可能坐下来和你好好聊一聊解决办法；如果他特别忙，你还给他添乱，那他肯定批评你一通并让你自己想办法去解决。

当你有想要和上司商量的事情时，你要尽量在短时间内把问题清晰地汇报给上司并且加入自己的意见和提案，好让他能够在你的汇报中很直接地做出判断。"现阶段有这样一个问题，我想这样解决，我想听听您的意见。"这样和上司汇报，上司也会很容易给出意见："嗯，你的解决方案很不错，可以试一试。"或者"这种情况下，你试试这种方法吧。"然后，上司给你提出一个新的解决办法。也就是说，和工作有关的事情不能自己不想就直接去问上司。

有的店长说："上司一直不接我电话。"为什么不接你电话？是不是你之前打电话都是絮絮叨叨说个没完没了，说到最后也没说个结论出来，那不是商谈，是发牢骚。上司听你发牢骚会不耐烦，他自己本身就很忙，还要听你絮叨，怎么可能不发脾气。如果你想和上司发牢骚，那就下了班到小酒馆里去说。

别把自己该思考的问题推给别人。

在发电子邮件或者用书面报告来汇报问题时，要在最后写上自己的解决方案。书面报告的篇幅不要太大，控制在一张纸以内，少用文字，多用让人一目了然的图表来辅助说明。对于想和上司商谈的问题，要事先写上自己的解决方案，最后写上"还请您做出批示"。

我自己也有很多客户给我发电子邮件或打电话和我商谈事情，甚至有人会给我发私信。但是如果直接问我关于某件事要怎么办，我基本不会回复。

如果你是上司，你的下属给你发来一封电子邮件问："接下来店里要做一次问卷调查，我该怎么做？"你肯定会很直接地回复："我也不知道该怎么做，这是你自己的工作，你的问题不是不会做问卷调查，而是不会请示工作吧！"毕竟这真的不是上司的工作，店里做问卷调查店长自己负责就好了，店长什么都不想就要问自己的上司，这实在是不合适。

这些听起来很不近人情，但是店长还是要一点一点学会商务礼节。

难题 **14** 同期生管理的分店比自己的店生意好，羡慕且心有不甘。
—

 答案 因赌气而做的争斗对顾客和店铺没有任何益处。

在和同期生较劲之前应该问一问他是怎么做的。

有的大企业会有很多店铺，因此每年会招聘几十名应届毕业生，这些同期生也会各自较劲看谁先当上店长。

你也总会盘算："那家伙的店铺营业做得很好啊。""他家店里这个月的销售额也很靠前啊。"而且有的同行店铺也会成为你的参考对象。

我认为同期生之间的较量其实是一件好事，但是不是要争一个输赢呢？如果你的同期比你做得好，不要羡慕且心有不甘，要为他感到高兴，见面时也不要吝惜赞赏，可以向他取取经："你是如何提高营业额的呢？"

业绩比你好的店长肯定有值得你学习的地方，你可以直接地问他："你是怎么做到这么好的？""你是怎么成功的？"

在同一家企业工作的各位店长们把同事作为自己的竞争对象进行较量会对顾客有好处吗？会对企业有好处吗？我觉得竞争是好事，各个店长暗自较劲让自己的店铺业绩更好，这对企业来说当然是好事。企业内部的各种正当竞争是值得推广的有意义的模式。

不要遮掩自己的成功经验。

如果自己的店铺取得了成功，那么就该把自己的经验公开，你做到了信息共享，也会有更多的人愿意和你分享，否则你会孤立无援。

信息就是用来交换、共享的。你不提供，就不会得到。可能短时间内你的店铺业绩最好，但是如果不和其他店铺分享交流，你会错过更多的信息，最终导致自己落后。

比店长职位还高的岗位是有限的，同期生中不是所有的人都能得到更高的职位，经常和别人分享成功经验的店长会在选拔时被身边的人推荐，这样他就能成为比店长职务高的领导，其他同期店长也会听他的指挥，间接地获得了领导权。

如果同期店长之间都是竞争关系，彼此不互通信息，等到有人被提拔成领导时，手底下的店长没人听他的指挥并与其对立，甚至想办法搞掉这个领导，这样的争斗是没有赢家的。从自己的职业发展角度来考虑，和同期的关系应该是合作伙伴关系而不是敌对关系。如果你觉得不甘或者悔恨，那你就输了。你是想做第一名还是做倒数第一名？请不要让自己陷在一时的失败当中。

和同期搞好关系是十分必要的。例如，周末店里迎来顾客消费高峰，店里人手不够时，你就可以请平时和你关系不错的店长来帮你，如果时间合适他会过来的，这可远比你们为了竞争而彼此孤立要好得多。要记住你的同期和你的同事都是你的伙伴。

难题 **15** 员工之间多有争执，
该如何解决？

—

答案 店长介入，化解争执。

请争执双方说出彼此的优点。

店铺是依靠店里所有的工作人员一起支撑起来的，店员当中肯定会有合不来、关系不好的人。当然理想的模式是店员间的关系都特别融洽，但是现实中这是不可能的。当店员间出现矛盾和分歧，并且双方不可调和时，店长应该及时介入避免店员间矛盾扩大。店长首先要做的是单独和矛盾双方谈话。

—— "最近怎么样？感觉你和小张的关系不是很好。"

—— "您也看见了，我和他不是很融洽……"

解忧
店长
50
个
答
案
经
营
难
题
的

54

——"你俩是怎么了？"

这样打开话题，你就可以知道两个人之间出了什么问题。

——"我大体知道了，那小李，你觉得小张有什么优点呢？"

当你听了一方说的一些抱怨之后，要反问一下这句，让对方互说优点，哪怕一个优点也好。

当小李说出小张的优点后，你不要立马说："你看看，他也是有优点的嘛，别把人一棍子打死，你和他好好相处吧！"你要是说了这样的话，小张肯定会对你紧锁心扉的。你只是问出来就行，不要做任何评价。

接下来找小张聊聊。

——"小张，你和小李的关系好像不是很好，是出了什么问题吗？"

——"小李那人就那样，我和他说不到一起去。"

——"是吗？我之前还和小李谈话来着，他说你有很多优点，虽然他嘴上不说，但是他还是认可你的。"

——"还有这回事？"

——"那我能骗你吗？你也想想小李有什么优点。"

就这样你把双方认为彼此的优点传达给当事人，就算是讨厌彼此，一听对方表扬了自己也很难再把"讨厌"这种词说出口了。多在矛盾双方中调和，让当事人逐渐减少对彼此的排斥。大家再找机会一起出去吃吃饭、喝喝酒，彼此间的隔阂就会逐渐消失。

最可怕的是两个特别能干的员工之间出现了矛盾，那时店长一定要出面调和，防止出现一方辞职的局面。如果是连锁店，那么可以请人事部门把关系不好的两个人分开，避免他们在同一家店铺。但这是最后没有办法的办法，前期店长还是要不遗余力地在中间斡旋。

总结下来，如果有矛盾的两个人能重归于好的话，他们的关系会越来越好。他们的关系缓和了，对店里的经营也是好事。

难题 **16**_ "一条鱼腥一锅汤。"

 答案 根据公司的经营理念进行裁决。

辞不掉的"优秀员工"。

某上市企业的店长向我咨询："店里的'优秀员工'让我很是头疼。我该怎么办？"这位店长提到的优秀员工可谓是全公司的销售冠军，其能力很强。但是既然优秀，为什么让店长感到头疼？原来，上级对这个员工的批评不绝于耳。

但即使被上级批评了，因为他的能力太强，店铺方面想辞掉他，但总公司不同意。这种"优秀员工"所在的分店业绩最突出，他本人也十分显眼，其他店员也都站在他这边，没人听店长的话，这就让身为管理者的店长很难堪。

57

第1章 店长的烦恼 人际关系

"这个店员经常和其他店员说一些消极的话，导致整个店铺都没有干劲儿，我提醒他好几次了，让他注意点，他就是不听。我想辞退他，但是总公司考虑到业绩，不让我辞退他。我想请人事把他调走，不知道我的这个想法对不对。"一位店长哭着向我诉苦，大家觉得店长的判断对不对？

最重要的是公司理念。

上面提到的这位店长已经和我有10多年的合作关系了，在公司规模很小的时候他就十分重视公司的经营理念和行动准则，并要求员工全面贯彻落实。该公司的行动准则写得十分细致，可谓是面面俱到，而且用词十分严谨明确，什么能做、什么不能做都写得明明白白。

当这位店长和我咨询的时候，我问他："您经常说您重视贵公司的经营理念，那您按照经营理念来判定这个员工的行为就好了，他是不是已经违反贵公司的行动准则了？您能视若无睹吗？"然后我建议他先找这个员工谈一次话，给他下最后通牒，如果今后再做出违反公司行动准则的事情就对其进行降级惩罚，如果屡教不改就请他走人。公司的经营理念和行动准则是全体员工必须重视的价值标准和判断标准。如果员工违反了规定，即使总部再怎么包庇也不能姑息。

当晚我又去见了这位店长，我问他："你早晚要对这个员工进行降职处理，您觉得合适吗？""合适，毕竟公司的经营理念最为重要。"他十分肯定地回复我。

所有的判断标准都包含在经营理念当中。

如果员工的行为过于出格，那就按照公司的经营理念和行动准则来决定如何处理。规定一个期限，如果期限内该店员不做任何改变，那就把他调走。不是店里不留情面，而是不得不做出的决定。

如果店长不能果断地做出裁决，那么店里的组织架构必定如散沙般松散。平时可以对店员态度温和些，但是当店员违反原则问题时，必须明确指出并严厉指正，切忌睁一只眼闭一只眼。

正因为很多店长会遇到这种问题店员，所以我想说，对于这种店员，只要有一个存在，就会带动其他人乱来，遇到一个就要赶紧处理一个。少了他一个，其他店员哪怕是只有一点点进步，也能弥补少了一个店员导致的业绩损失，这对店铺来说也是好事。

对一个店铺来说，店员带来的坏影响远远超过好的影响，即使问题员工的销售能力再强，他的业绩最多也就是其他人的1倍。那就把他辞掉，其他10个人每个人多做出10%的努力，那么店铺的业绩还是不变的。

当店铺中有这种问题员工时，店长要尽快采取措施，顾全大局。至于说怎么去处理，按照公司的经营理念来做总不会错。

第 2 章

店长的烦恼

人才培养

难题 **17** 培养新员工和兼职人员的
方法是什么?
—

 告诉员工最为重要的"公司使命"。

什么是公司的使命?

　　店长在新员工入职时最先要教给员工的是公司的使命。公司的使命源自公司的经营理念和公司的历史。店长要将公司的创始人是出于什么想法创立的公司、以什么理念来运营公司等,最为基础的东西在一开始就告诉员工。

　　有的店长自己就不理解企业的使命,有的店长觉得背下来各条内容就可以了,还有的店长甚至连背都不背。店长都不理解的东西,店员能好好理解并落实吗?当店长问店员什么是经营理念时,他肯定回答不上来。

解忧
店长
50经
个营
答难
案题
的

62

有的企业在给新员工做入职培训的时候，会印发公司的经营理念，然后让大家自己看一遍或者每人一段通读一遍就应付了事，新员工并未深入学习相关内容。

"好的，很高兴为您服务"这句话真正的含义是什么？

在一些小酒馆，店里要求店员在顾客点菜结束后要说一句："好的，很高兴为您服务。"所有的店员都是"很高兴"的吗？想必你肯定遇到过面无表情的店员对你说："很高兴为您服务。"他们只是单纯地把这句话没有感情地念一遍。

店里为什么要让店员说这么一句话呢？可能是创业之初生意不景气，老板很辛苦，每当有客人点餐的时候，老板真的会很开心地为顾客准备餐食，便不自觉地把这句话说了出来。经过多年的积累，店里有了规模，分店也多了起来，在创业之初的这种情感就慢慢变淡了，没法传下去。后来的店员也不知道为什么要说这句话，店长让说那就说好了，这就导致现在在一些店里出现店员的言语和行动不一致的情况。

为了防止上述现象出现，店长要向店员传达公司的使命。不仅讲一些公司创业之初的想法和故事，还要把"顾客的笑容"和"同事的喜悦"等关键词一并教给新员工。如果不能仔细说明的话，店员就会觉得是店里强加给他们的待客方法，肯定不会特别自然地流露出对顾客的感激和喜悦之情。

向店员进行公司使命的相关教育，能否让他们产生共鸣，关系到店员能否认真贯彻执行公司经营理念。如果店员不能很好地执行，那店长就继续教育。如果店长自己都不了解公司的使命，那就去找自己的上司把这个课程补一补。

Mr.Donuts和星巴克受欢迎是有原因的。

当被问到"感觉哪家店很不错"时，你会想到哪家店？我问过我身边的一些人，他们回答惊人的一致：Mr.Donuts。Mr.Donuts在全日本有1300多家分店，我问的这些人肯定去的不是同一家店，但是大家都觉得这个店很不错，不管什么时候去，店里的待客水平都无可挑剔。Mr.Donuts是怎么做到1300多家店都如此被认可的呢？

Mr.Donuts内部的培训体制极为严格。想成为店长的话，就要参加长期的封闭培训，在培训期间要学习公司的经营理念、与店铺运营有关的必备技术、待客方法等。因为Mr.Donuts花费大量时间培训店长，才会让各个店铺的服务都做得特别好，受到顾客的好评。

也有人会回答我说："我觉得星巴克也很不错。"同样是咖啡店，星巴克和其他店的区别就在于店员彻底贯彻了星巴克的经营理念。所以在其他店里没有的体验，便是星巴克店员贯彻经营理念的结果。

很多咖啡店最先教员工的不是经营理念而是制作流程，这就导致店员的工作就是做咖啡、卖咖啡。如果经营理念没有渗透到店员的灵魂当中去，是无法打造让顾客满意的店铺的。

18

培训新员工需要有具体的培训手册吗?

答案 店里没有培训手册的话,店长你就自己做一本,写一些规定期限的训练项目。

训练项目要按照计划循序渐进。

　　培训完经营理念之后就要开始培训具体的操作了。这些操作训练要规定具体的时间、内容和掌握程度。新员工的成长速度因人而异,店长要根据培训人数、新员工情况来确定培训方法和培训时间。

　　该从什么教起呢? 教到什么程度之后可以让员工独自操作呢? 要把训练项目程式化,为了让员工在最短的时间内开始工作并且在没有前辈指导的情况下独立操作,店长要在培训前制订具体的培训计划。

这些培训项目都是各个公司事先制订好的，如果公司没有的话，店长就根据自己的经验有计划地制定相关内容，并且在实施过程中逐步修改完善。比起毫无章法的培训，当然是有计划的培训更加有利于店员适应工作。当把程式化、系统化的培训指南制订出来后，店里的老员工也可以按照这个指南来培训新员工。

不要忘记确认培训过的内容。

我经常会遇到一些店长，他们上来就说："新员工一点进步都没有。"我觉得新员工不成长、不进步不是其自身素质有问题，而是店长的培训技巧有问题。没有培训手册或者没有进行系统性地培训等才是问题所在。在开始培训前要明确地告诉新员工要用多久掌握这项工作，别等新员工入职了再去想如何培训，应该在其入职前就赶紧制订培训计划。

如果做不出十分完美的培训计划，那就把每天的工作列出来并按其优先程度让新员工学习，并注明要多久掌握，让新员工心中有数。

做好培训记录，写好教了哪些内容、哪天教的、新员工哪天掌握的，这样就能知道还有什么没教，别的老员工也可以在看到培训记录后顺利接手培训工作。记录中明确了店员没做好哪项工作时，你可以知道是你没教还是他没学好，减少了不必要的批评。

对店长和新员工来说，培训过程中的确认是十分重要的，务必要记录、确认好。

难题 **19** 培训手册很多却哪个都派不上
用场。

—

 答案 及时更新培训手册中的内容，也可制作简单
的动画视频。

别使用旧的培训手册。

　　有的店铺即使有员工培训手册也不用，认为看培训手册
本身就是一项很麻烦的工作。培训手册本来就不是会很频繁
用到的东西，只是为了让店员在入职之时作为自主学习的资
料。在具体工作中，如果有不清楚的工作流程，店长会提醒
说："你先看看培训手册中的操作流程。"或者"你先看看培
训手册，如果还不明白的话你再来问我。"如果培训手册起
不到培训新员工的作用，要么是使用方法出了问题，要么是

第2章　店长的烦恼　人才培养

69

它本身内容不合理。出现内容不合理的主要原因是店里没有及时进行更新。如果其他人说这是一本旧版的培训手册，你就不想继续看下去了。如果各家店铺的操作流程不同，那就是公司没有一本统一的操作手册。每半年更新一次手册内容吧。如果是有多家分店，那就在店长会议上把要完善的部分列出来一起讨论。还有一种方法就是让新员工来修改培训手册，在一年的学习和实践中让他发现实际操作与培训手册中的差异并让其改正。

当你确定何时、如何修改培训手册后，店里就会定期有最新版本的培训手册供大家使用。可能有的人说更新培训手册是总公司要做的事情，我倒觉得这个工作谁都可以做，只要发现有问题及时改正就可以了。或者是店长发现培训手册中存在问题，那就让店员去更新。这些都比等着让总公司修改要好得多。

指导新人时培训手册的使用方法。

培训手册的使用方法错误是指在错误的时间点使用。要知道不是所有员工都要将培训手册的内容背下来，只是在必要的时候必要的场合拿出来用就好。例如，新人在做工作的时候没有按照培训时学到的方法来做，那就提醒他让他看一看培训手册上是怎么写的，指出员工的错误之处，然后让他下次注意。像这样和新人一同使用培训手册进行工作指导，对新人的成长十分有益。远比在新人犯错误时说"你这方法不对。你是怎么搞的！""你怎么就不明白呢？"要好很多。所以，我们还是请大家按照培训手册的内容来纠正店员的错误。

在培训过程中多次使用培训手册，使其成为一种习惯，这样店长的负担也就减轻了，而且店员也会在遇到问题时首先想着去查阅培训手册，自己解决问题也就减少了挨批评的可能。因为工作流程都是固定下来的，所以我们应该有效地利用培训手册。

制作操作流程视频也是十分有效的。

一说到操作手册，很多人想到的都是厚厚的一大本，最近很多店铺都采用了视频培训的模式，因为视频更加直观，只要照着模仿就可以。如果你的店铺里有计算机或者平板计算机那一定要试试这种模式。

如果不是大型连锁店的话，就没有必要花大价钱做培训视频，因为店里的商品不是培训视频，所以只要低成本做一些简单易懂的视频就可以。如果请专门的视频制作公司来做视频的话，不仅成本很高，而且等到再次更新时还要花费很多钱。

录制视频时也不需要请演员来做，只要把店里成手店员的工作流程拍下来就可以，中间加一些解说，让收看视频的人能够很容易看懂工作流程。如果是做菜的视频，那就要加上字幕。例如，面粉××克、白糖两大勺、盖上盖子蒸三分钟等，让人一目了然。

当培训手册更新的时候，需重新拍摄操作视频，现在都用智能手机拍视频，这很简单。店长还可以把视频上传到社交媒体上和大家共享，所以赶紧试试这种方法吧。

难题 '20
可能是员工看我比较年轻，
早会的时候没有人听我讲话。

 答案 没有必要说一些无关痛痒的话，请大家配合你工作就好了。

早会不是假模假样地照本宣科。

"由于我刚成为店长不久，在店里开早会的时候即使我十分专注地讲话，店员们也只是装成在听。"其实在我做咨询工作的时候，也遇到过这种情况。如果店长也注意到这个情况了，是不是会说一些对店员有利的话或者说一些讨好店员的话？

其实店长说一些无关痛痒、假大空的话对于老员工来说根本就没用，毕竟对于他们来说，你还太年轻，并且经验

第2章 店长的烦恼 人才培养

不足。

　　那么在早会上，店长究竟应该说些什么呢？我觉得说一些最简单的话就可以了。例如："今天也要麻烦大家了，要是没有大家的配合我是很难做好店长工作的。""今天是小长假的第二天，会有很多客人来，店里会很忙，还请大家做好各自的工作。"像这样很简洁明了地说明情况，请各位店员配合就可以了。

　　在说一些场面话之前，要在店员面前仔细地布置工作。要想让店员听你说话，那最先要和店员们建立起信赖关系。如果你和店员彼此信任，即使你的年龄小、经验少，只要你努力工作，店员们也会尊敬你，逐渐听你在早会上的讲话了。

　　想建立信赖关系，最好在布置工作的时候直视店员的脸，十分真诚地和店员说话。这样早会就不会流于形式，会变成和店员好好交流的场合。

难题 **'21** 上了年纪的兼职人员总是
记不住我安排的工作。

 答案 对于没有工作欲望的人，当他不能在限期内
完成工作时，把他排除出去。

是他记不住你的工作安排，还是他压根儿就不想记？

有的店员就是对店长有意见，因而不想去记店长的任何
工作安排，还有的店员真的就是单纯地记不住。情况不同，
解决办法也就不同。

有的店员是真的想做好工作，但是出于某种原因他记不
住工作流程等，对于这种情况店长要耐心地告诉店员工作方
法。例如，店长可以看看他是哪里做不好，帮他想想怎么样
改善，并且手把手地教他怎么做。

75

第2章 店长的烦恼 人才培养

但是对于那些不想好好工作的店员，就要换一种方法了。如果他以不喜欢店长为理由不好好工作，那即使他是上了年纪的店员，店长也不能心慈手软，可以直接说："这种工作一般员工尝试3次就能掌握了，希望你尽快掌握。你如果还是不能掌握的话你找我，我教你。"如果他还是不好好做，那就不要让他做这个工作了。从顾客和店员的角度来看，在这种一直没有好的工作态度的店员身上花费时间是一种徒劳。如果不想好好工作，那就减少他的工作量，少给他排班。

难题 22 不好意思辞退不好好工作的兼职人员。

答案 倒是可以开除兼职人员，但是你真的好好教过他吗？

不要轻易断定你的店员没有工作能力。

如果店员不好好工作，就给他机会改正；如果他不能改正或者根本都不去改正，那解雇他是很正常的事情，但前提是你要给他改正的机会和时间。

如果店员很想做好，并且做了很多努力，但就是没能做好，店长就要反思一下了。店长要真心教他才行。

希望店长们知道不是所有人都适用同一套模式，有的人需要很严厉的指导，有的人需要温和的教育，有的人需要手

第 2 章　店长的烦恼　人才培养

把手教，有的人善于自己琢磨尝试，具体使用哪种模式因人而异。所以在你断定店员什么都记不住之前，先审视一下自己教的工作方法是不是有问题，不然你得出的任何结论都为时过早。店员很努力地工作却不成长，那问题就出在店长身上，要么是店长没上心，要么是方法有问题。

分析店员属于哪种类型。

我在做咨询工作的同时也在埼玉县埼玉市（日本行政区划中的县相当于中国的省）教授空手道。有各种类型的孩子来训练，因为他们不是我的员工，我不能要求他们一定要做出什么成绩，但是我却有责任让他们有相应的成长。我要根据每个孩子的目标和来学习的目的给他们制订"成长"目标。有的孩子想成为"日本最强"，那我就要给他安排严格的训练，对其严格的要求；有的孩子仅是为了锻炼身体、敢在众人面前大胆开口说话，那我就会让他们渐渐喜欢上空手道，让他们保证能够一直来参加训练。在道场参加训练的孩子多种多样，有的外向敢于大胆提问，有的内向话少，有的孩子虽然不能很好掌握动作要领，但是却一直在不断努力，相反有的孩子如果做不好技术动作就会失落消沉。我认为每个孩子都会成长，所以我会用不同的方法来教孩子。

教人者不能自己主观断定被教者不会成长、不能成功。教人者要不断提高自身的教育水平，不能用一套方法对待所有人。同理，对于那些想要改善、成长的店员，店长要给予他们信任。

难题 **'23_** 如何培养副店长？

 店铺运营一定要有一个副店长。店长可以通过制作资料的方法来培养副店长。

让副店长制作会议资料和月报告。

在店长的所有工作中，十分重要的一项便是培养副店长。一个重要的培养手段就是让副店长做会议资料。会议资料是指从上月的业绩、管理情况中总结分析问题并提出解决方法的书面材料。因为制作会议资料可以让副店长全面地掌握店长的主要工作内容，所以让副店长来制作这些材料，可以帮助其尽快成长为店长。

会议材料要有一定的格式，以便于副店长快速掌握。最

解忧店长

50个经营难题的答案

好有一些固定的项目。

（1）数值：预计销售额、各类同比数据（其中包括顾客数、客单价、ABC分析、周转率等）。

（2）收益预期走势、同比数据（成本率、人工成本率、水电燃气费、其他）。

（3）获得收益的相关因素考察与对策。

（4）管理状态（人事、培训、顾客满意度、安全防范意识等）以及次月应对措施。

店长阅读副店长制作的会议材料，确认副店长对店内业务的掌握程度，并做出相应反馈。不断重复这样的工作，以此来实现副店长尽快成长为店长的目标。

如果店里的规模较小没有正式店员和副店长，只有兼职员工，那么店长就要在兼职员工中找到自己的左膀右臂。这些兼职员工很多都是工作很多年、有经验的老手，平时可能深藏不露，但是实际工作能力很强，可让这样的员工充当副店长的角色。

和副店长建立互补工作关系。

副店长的一个重要职责就是弥补店长工作中的不足，店长不擅长的工作可以由副店长来代替，比如店长不擅长和数字打交道，那就请副店长来做数据分析，这样既能减少错误又能提高数据的精确度。这样一来店长就可以专心做其他的管理工作，而副店长也会替店长履行职责，对两者都有益处，在这个过程中逐步培养副店长。我曾经举办过副店长培训会，我在会上对副店长们说："大家的工作之一就是辅助店长，不能只有你们不断进步，而置店长的缺点于不顾。"我希望副店长能够灵活应对店内的业务，在店长不能做好一些工作时要及时地辅助。不然，店长就会自己一个人忙得不可开交。

店长和副店长要做好工作分工，副店长负责具体的指导工作，店长做全面的管理工作。但是，如果店长不信任副店长，那么店里的组织框架就很难成立。如果两位店长关系不好，很容易在店内出现对立的两个派系，那样就麻烦了。

店里会不会变成副店长说了算是取决于店长的。

副店长作为店里的二把手称得上是店里的关键人物，如果副店长不配合店长工作，那么店长就要对其进行十分严厉的批评、教育；如果副店长不做改变，那么就要请总公司的人事部门来做调动了。

　　不能根据自己的喜好来决定副店长的去留，如果副店长确实有问题，首先给他时间改正，如果限期不改，那就根据公司的经营理念来做出最终的决定，看是否要让人事部门出面做调动。副店长在组织架构中发挥着十分重要的作用，是一个很重要的岗位。也正因如此，能够做副店长工作的人经过锻炼是可以胜任其他重要工作的。只有店长和副店长顺利地配合，店长的工作才能顺利开展，副店长也能得到充分的锻炼。

'24

为了成为更加优秀的店长，
该学些什么技能？

 答案 学习销售机制、心理学、正确的思想和思维方式。

学习销售机制。

　　想让自己更优秀，店长需要努力学习的知识有三点，第一个便是市场。有关"市场"一词，可能有的店长不理解，那就说成销售机制好了。

　　店长应去业绩很好的店铺考察一下为什么这些店的生意这么好，不一定非要去同行业的店铺，赶在假期去任何一家生意好的店都可以。带着疑问去店里考察会让店长收获很多。你可能发现"这家店的招牌很显眼""店员待客服务特别好""店里很干净"等，哪怕你找到一项优点也可以作为你改善自己店铺的参考。同时，店长要想一想自家店铺为什么生意不好，为什么得不到顾客的青睐，和其他同行比自己的优势是什么，重新梳理一下，制定适合自己店铺的经营方式。

学习心理学。

店长需学的第二个知识便是心理学。

虽然看起来好像是很难的学科，但是为了能和人顺畅交流、掌握人的心理，店长还是要好好学习心理学的。大可不必直接阅读专业书籍，可以阅读漫画书学习心理学。市面上有很多漫画书介绍阿德勒心理学和NLP（神经语言程序学）。

最初可以通过漫画了解人类都有哪些心理活动，如果有兴趣的话当然可以深入学习。心理咨询就是心理学的延伸。在了解了人类心理活动后，就会知道与人交流是有很多心理学技巧的，希望店长们可以学习一些基础的心理学知识。

学习正确的思想和思维方式。

店长需学的第三个知识是正确的思想、思维方式。

例如，做一件事情时，有的人说："这么做肯定对！"但是凡事不是绝对的。找一些和你想法匹配的人的相关著作来阅读。你的学习对象可以是日本的企业家松下幸之助、稻盛和夫，也可以是特蕾莎修女、甘地。不要管对方的活动领域是什么，直觉上你觉得这个人和你的想法比较符合，就去研究这个人的思想和思维方式。

怎么找到合适的参照呢？还是先大量阅读吧，直到找到你想学习的。

当你身处艰难抉择的时候，设想一下："要是换作他，他会怎么做？""如果是松下幸之助先生的话，他会这么做吧。"如果你能这样想，那你的决定应该不会错。用这种模式去做判断是十分重要的。

我觉得以上三点值得你废寝忘食地刻苦学习。比起多睡半小时懒觉，学习15分钟更加有意义。

可能有人觉得店长应该学习财务相关知识，其实只要会一些财务基础知识就可以了，因为公司里有专门的财务部门做财务工作。而我提到的心理学是可以了解人类本性的学科，所以希望店长能够学习并掌握。

如果你从店长升到区域经理，或者去做了其他工作，这些知识也会对你有用的。

第 3 章

店长的烦恼

录用、人事问题

难题 '25_ 找不到好的店员。

答案 不是所有的人都会让你十分满意。所以，先录用，再培养。

事先制定好不予录用的标准。

　　店铺管理的一项重要工作是人员录用。录用店员并使其在店里稳定工作，这样才能继续开展管理工作，因为没有人的话就谈不上人员管理。

　　招聘的时候不是所有应聘者都能让你十分满意，天上掉馅饼这种事是不存在的，要是只想录用十全十美的人，那应该永远也招不到人。

　　那该怎么进行招聘呢？不如先招一个很普通的店员，再进行培养。但是要首先弄清楚不予录用的标准是什么。

在餐饮业、零售业和服务业打工并不是十分受欢迎的工作，因其行业特征不会有大量人才想去应聘，又因为应聘者少、离职率高，很多企业都面临人手不足的问题。如果要考虑应聘者的经验、工作热情以及可以出勤的时间等因素，很难找到一个满足所有条件的人。

所以，店长不要设置一个完美店员的录取标准，应该明确的是什么样的人是不录用的。应聘者只要没有涉及不录取原则就可以录用，然后再在工作中培养就可以了。面试时可以设置几条硬性指标，比如：不可以迟到、看着面试官的眼睛回答问题、简历中没有虚假内容、穿着整齐得体等。只要满足这些条件，就可以录用了。

有的店长说："我想招那种可以多日出勤的店员。""我想把店员招进来不用培训就能立刻工作。"这基本都是妄想。

如果请猎头帮助招聘的话，要支付8万～20万日元的费用，如果一个人都招不上来，那这个钱就打了水漂。为了避免增加成本，店长可以设定不录用标准，增加录用人数，这样虽然招不上完美的人才，但是要比招到不合格的人强。如果应聘者能满足店里的排班要求，但同时也满足了不录用标准，那也坚决不能录用，不然以后会麻烦不断。

难题 **'26_** 招聘成本太高怎么办?

 答案 尝试熟人介绍、自己物色等不花费招聘成本的方法。

熟人介绍。

很多店长和我说发出招聘信息后却没人来应聘。我觉得他们的出发点就是错的,因为他们小瞧了张贴招聘启事、发广告、面试录用这个过程了。

发布招聘启事是需要花费大量成本的,所以企业一般都不会使用。日本总务省、经济产业省2012年发布经济调查显示日本共有企业412万家。如果这些企业都用收费招聘的方式发布招聘信息,那将会有多少招聘信息? 但是并不是所有

解忧店长
50个经营难题的答案

企业都花钱招聘，为了节省成本，企业最先想到的是不花钱的招聘方式。

其中一个重要办法就是熟人介绍。每天有很多客人来店里消费，店里有店员，每天还会有供应商前来送货，总之每天进出店铺的人都可以成为给店里介绍店员的人。可以和现在在店里工作的店员说："最近店里人手不够，我想招一个兼职，要是你们有熟人想做的话就介绍过来吧。"或者"你们的朋友有在找工作的吗？有的话介绍到咱们店里吧。"这样被介绍来的兼职员工也会因为店里有熟人一起工作而减少自己的不安和反感，可以更安心地工作。而且有不会的问题还可以向熟人请教，排班的时候也会彼此照应，离职率也会相应降低。

或者和经常来店里消费的客人说明自己有招聘兼职员工的意向，看看客人愿不愿意来工作。因为这样的客人是店里的回头客，经常来店里所以知道店里的员工、工作内容和工作环境。如果客人正好想找个工作，那就很可能来店里工作。

建议店长们在花钱招聘前还是先通过熟人介绍来进行推荐招聘。制作招聘启事花钱，但是说一句话不花钱，那就先积极地询问身边的人吧。

同行挖人或者依靠猎头帮助。

因为日本宪法承认"选择职业的自由"，所以可以到附近的店铺或者同行业的其他店铺去挖人。如果得到了对方的同意，那就可以招到自己店铺来。

如果你常去的店里有一个干活儿非常麻利、服务态度特别好的店员，就可以私下和这名店员说："我店里需要一名像你这样的店员，愿意来我的店吗？"真诚地说服他，他便会到你的店里工作。这也不算是卑劣的挖墙脚。

邀请在自己店里工作的店员的朋友来店里吃饭，问他现在在哪里打工，时薪多少，给他的时薪涨100日元的话他愿不愿意来自己的店里打工。要知道涨时薪是很有诱惑力的条件，在其他条件相同的情况下给店员涨100日元时薪的话基本都能招到员工。对于被招来的店员来说，时薪涨了100日元，那么工作100小时就能多赚1万日元，何乐而不为呢。

如果要花钱做招聘启事的话，费用大概是10万日元。如果把这10万日元用来给兼职员工涨时薪，可以支付1000小时。两相比较，利用招聘启事招聘，可能会一个人也招不来；给涨100日元时薪的话，肯定能挖到合适的人。所以，店长在招聘时可以试试涨时薪挖人这个方法。

难题 27 如何制作吸引人的
招聘广告？
—

答案 把你自己想在这家店工作的原因做成招聘
启事。

根据所在地区的行情使用高效率的媒体。

制作吸引人的招聘广告时，重要的是抛开你是店长的身份，把自己想成是求职者，招聘内容要使你自己也想参加应聘。

有的店长来找我咨询有关招聘广告的事宜，我问他："你自己做出来的招聘广告，你看过之后会有应聘的冲动吗？"有的店长的答案竟然是否定的。店长自己都不想应聘的话，其他人也肯定不会愿意来的。不要只写自己店里对应聘者的各

93

种要求，请客观地分析店里的各种实际情况。

不吸引人的招聘广告多是因为招聘者对市场研究不足。例如，关于在同一区域里其他店铺的时薪，作为店长的你知道吗？虽说时薪范围由总公司决定，但是具体调整的权力是在店长手中的。所以，店长应调查好店铺所在区域的市场行情。在东京都，新宿、涩谷、六本木等地的时薪比较高，而吉祥寺、二子玉川等地的时薪会有所下调。

招聘媒体掌握着时薪水平的具体数据，在各大招聘网站上公布着各个地区的平均时薪水平，上网一查就知道了，如果你给出的时薪比平均水平还低，那应该很难招到人。在一些常住人口少的地区，本来人就少，能招到人的可能性更小。所以，店长想招到人，就要给出比较高的时薪。时薪太低的话住在店铺附近的主妇是不会愿意来打工的，那就可以把经常在店铺附近路过上学的学生作为招聘的对象。

招聘的手段多种多样，在网上发布消息、发传单、张贴海报等，你是否想过用哪种方式最合适？记录每种招聘模式下有多少人询问、应聘、面试、录用等数值，找到最适合自己店铺的方式。

解忧
店长
50
个
经
营
难
答
题
案
的

要把店铺的要求准确地传达给招聘对象。

你想招聘什么样的人？是学生，还是家庭主妇？或者是可以长期坚持做下去的兼职员工？如果不把店铺的要求写清楚，是不会有效率地进行招聘的。

对招聘对象的限定不能过宽也不能过窄。限制过于宽泛的话，会让人觉得门槛太低谁都能做，反倒不会有人来应聘。但是如果限制过于严格，比如要求应聘者年龄在30岁左右且在指定时间内当班，这样又会把一大批人拒之门外。

重要的是要让招聘信息具有针对性，让看到招聘信息的人觉得："嗯，这家店招聘的岗位正好合适我。"应该站在应聘者的角度去发布招聘信息，以此来提高招聘效率。

如果想招聘家庭主妇为兼职员工，那么必须要让主妇在幼儿园放学前下班，方便她去接孩子。所以，要在招聘信息上明确写上"每天工作4小时，可以在下午2点前下班"或者"工作日只需工作3小时"等。如果想招聘学生，那就注明"可晚间出勤"等。总而言之，就是要明确出勤时间。

如果在招聘信息上写"工作日出勤6～7小时"或者"仅限可长期工作的求职者"，那样的话会让看到的人觉得自己不适合而望而却步。但是如果写上"欢迎家庭主妇前来应聘"

或者"招聘学生兼职"等，不把条件限制太多，会更便于招聘。

　　自由职业者其实是最受店铺欢迎的一类求职者，因为他们的时间充足。在招聘市场上十分抢手。如果你的店里想招聘到这样的人，那就通过适当提高时薪、改善工作环境等使招聘条件更加诱人。

同行们的店铺是怎么招聘的？

　　在制作招聘广告的时候要掌握同行们的动向，如果你给出的工资比别的店低，那肯定不会有人来应聘。如果你的店铺是十分具有品牌影响力的店那还好说，如果不是，那就提高员工的待遇，让自己的店铺具有竞争优势。如果在对比中发现自己店铺待遇不行，那就要及时进行调整。

　　在餐饮行业，对招聘对象的要求比较明确，比如招聘法餐主厨、管理层人员等。在餐饮行业网站上查阅各家店铺给出的待遇条件，综合下来总结出自己店铺能给出的最高条件。

　　如果是在网站上发布招聘信息，那就要对比其他店铺发布的信息，考虑用何种宣传方式和设计能更加吸引眼球，要站在应聘者的角度来考虑。

注意照片的使用方法。如果想招聘男学生，那就放一些与其同龄的学生一起工作的照片；如果想招聘家庭主妇，那就放一些主妇在店里工作的照片。也可以放上店长的照片让求职者知道自己的领导是一个什么样的人。

另外，还要让应聘者很容易地进行应聘，比如在店里放一些小的传单，上面印上条形码，或者做一些小卡片，让人可以带回家进行网上应聘等。

如果不做好这些工作的话，发布再多的招聘信息都是徒劳的。做出来的招聘广告如果很明显地不如其他店铺，那就不会引人关注，所以请各位店长注意。

难题 **28** 技能类、专业类工种的
员工流动性比较大。

答案 对于这些竞争力较强的行业，要在一开始便
让求职者看到其职业发展前景。

在招聘信息上写明具体的职业发展前景。

厨师和美发师这种技术型工作是很难顺利招到合适的人
的，所以在招聘时要让求职者感受到招聘单位给出的有利
条件。

对于这种技术型工作，不仅仅是让员工完成工作并给他
们发工资就可以的，要让他们知道在这个工作中自己能获得
什么样的能力。如果在招聘阶段就宣传好自己店铺的培养模
式和员工发展前景，就会赢得应聘者的青睐。

解忧
店长

50 经
个 营
答 难
案 题
的

例如，获得国家资格的美发师是全国20万家美发店都想招进来的人才，竞争可谓是十分激烈。有很多美发师还独自开店，这就导致美发学校的毕业生十分抢手。所以，招聘时就要在招聘信息中写上3年内会让员工成长到什么程度、5年内升职到造型设计师等，给应聘者一个明确的成长路线，以防止应聘者产生"我要在这家店一直做美发助理，工资也不高"的错误印象。

　　与其说是招聘人才，倒不如说是争夺人才，如果不制定正确的战略，是很难获得人才的。这就和扩大客源是一样的，想让更多的人来，店铺那就要做各种准备。

难题 29 总是有人不来面试，
联系对方也得不到回复。

答案 可能应聘者在面试之前都有时间，或者是在
你联系他的时候恰好不方便回复你。

面试前的这段时间最好。

有些应聘者不来面试，也不和店里联系，其实这样的应聘者多是在面试之前有时间，所以在他联系店里表示应聘时就要确定好近期面试时间。

应聘者在找工作的时候，会参加很多家企业的面试。以餐饮店为例，有的年轻人会去很多家餐饮店应聘，最后找一个合适的。当他决定去哪家之后，就不好意思再去其他餐饮店面试了，所以就不会回复其余餐饮店的信息。我曾做过问

解忧
店长
50经
个营
答难
案题
的

100

卷调查，回答者说觉得太麻烦了，所以索性不接店里打来的电话。

　　还有另外一种情况，有的求职者说："看到店里的招聘信息之后我给店里打了电话，可是接电话的人态度十分不好。"

　　有的店员在接到求职者的电话时，说话语气特别不好，让应聘者对店铺产生了不好的印象，最终放弃应聘。这样的话他就没有必要再跑来一趟参加面试，甚至不会再打一次电话过来说不参加面试了。

　　我还经常让店里招不到人的店长试着给自己店铺打电话假装应聘，店里接电话的人的态度很不好，换作别人也是肯定不会来应聘的。所以，店长在抱怨别人不来面试前要先掌握自己公司的实际情况。

事先做好准备，及时与面试者确定面试时间。

　　如果收到了应聘者的联系，店长要有礼貌地及时回复，并在近期确定面试时间。这种方法能够提高应聘者参加面试的可能性。请店长事先做好应对准备，以便任何时候都能流畅应对。

　　首先，店长要让所有店员知道自己能够进行面试的时间，比如可以在排班表上写清楚自己要面试的时间，或者把自己的空闲时间写出来让店员知道。当应聘者打来电话的时候就可以当场确定面试时间，如果恰好店长不在店里，也可以由其他店员根据店长的时间表来和应聘者确定面试时间。

此外，店长和店员还要练习一下接电话的礼仪，当接到应聘者的电话时，虽然看不见对方的脸，但是也要热情友好地回复对方。店长可以给店员做一个示范，让他们能够自然地进行电话交流。店长可做一张表格，表格上列出一些要询问的必要问题；提醒对方面试当天要携带贴有照片的简历，告诉面试者店铺的位置和路线。以上所有这些内容都需要店员记住，以便在回复面试者时不会含糊不清。

做好了这些准备的话，应聘者基本就不会突然取消面试。越是录用标准严格的店铺就越应该做好准备。

难题 **30** 被新聘用的员工 "放鸽子"。

 答案 可能是招聘信息和店里的实际情况有差异。

尽量缩短发出录用通知和入职之间的时间间隔。

如果发出录用通知与入职之间的时间间隔过长，应聘者很有可能最终不来上班。如果这段时间过长，应聘者可能会觉得自己不能做好这份工作而惶恐不安，从而去面试其他店铺，这期间他可能会找到更合适的岗位，从而放弃之前的选择，进而出现没有事先联系就不来出勤的可能。

为防止出现这种情况，店长在确定录用后要尽早地让对方上班，如果可以第二天就让他来上班。常规做法是在店长出勤的时候让对方来上班。如果中途空了几天，那就在给他

第3章 店长的烦恼 录用、人事问题

103

规定的出勤日期的前一天打电话或者发电子邮件联系一下：
"明天就要上班了，能找到我们店的位置吧，不用带其他物品，穿着适合工作的衣服即可。我们都在等你。"

出勤第一天是安排他接受培训还是直接上手工作，根据公司的规定执行就可以了。但最好是店长也在店里的日子让对方出勤。

友好地欢迎新店员入职。

有的应聘者决定不来上班还有可能是因为当时来面试时对店铺的印象不是很好。如果对店长的第一印象就不好，那肯定不会来上班的。店里压抑的工作环境也肯定会让应聘者望而却步。

店里现有员工的态度也是一项重要因素。最初来面试时，店员中没有人跟面试者打招呼，用好奇的眼光盯着面试者看，这样的话会让面试者对店铺的印象一落千丈。

店员应该都知道当天是有面试的，所以当面试者到店里的时候希望店员能够热情周到地接待。"您好。您是来参加面试的吧，请跟我到会议室来，我这就去叫店长过来，您稍等。"这样简单的几句话就会消除面试者的不安情绪。所有员工都能热情地接待的话，就会营造一种和谐的氛围。

招聘信息和店里的实际情况有差异是致命性的。

在招聘启事上大书特书"实现自我价值，快乐充实工作"，然而实际店里的氛围十分压抑，店员都没有工作热情，这样的店铺其实很多。

面试者在面试后即使收到录用通知也会因为店里的实际情况与招聘信息不相符而不来上班。没人愿意在氛围不好的店里工作。而且，招聘兼职的店铺成百上千，应聘者有自由决定自己去哪家店工作的权利。

想避免这种情况的发生，就要发布正确的信息。在招聘网站上发布的消息中使用了全是年轻人工作的照片，但是店里并没有年轻人，这就是错误信息。所以，店长发布的招聘信息中不要用旧照片，要用最新的照片。

除了店里的工作氛围和人员构成之外，店长还要注意招聘信息中的待遇与具体的待遇不能有太大变动。如果应聘者很看好招聘启事中写的招聘条件，但是面试时或录用时给出的条件却完全是另外一套的话，会有人来上班吗？例如，店长在招聘的时候没有说试用期工资之类的事情，而在录用时说试用期工资比正常工资低，如果应聘者在试用期表现不好就要被辞退。一开始不说，录用之后再说，这些会让应聘者觉得这家店不可靠。

为了避免这样的事情发生，店长在招聘之初就要说明一切，有试用期、培训期的话提前说明，不要把兼职招聘想得太简单，设身处地为应聘者着想才能消除彼此间的误解。

难题 31 招聘工作交给总公司，
却总没有好的结果。

答案 录用要根据各店铺的实际情况进行，把自己
店铺的要求传达给总公司。

总公司和各店铺之间可能有分歧。

　　下设分店较多的公司总会把录用工作交给总公司，面试
不由各店店长进行，按区域发布招聘信息，由该区域的人事
负责人负责招聘工作，录用后再将兼职人员分配到各个店
铺。如果不是为了缓解紧急性的人手不足，把招聘交给总公
司做是可以的。

　　虽然总公司进行招聘会效率更高、节约成本，但是各个
店铺各自进行招聘的话会更有利于面试者了解店铺。否则，

第3章　店长的烦恼　录用、人事问题

面试者不知道自己会被分配到哪个分店去，就没办法知道店铺的情况。

总公司的宣传和店铺的具体情况是有一定的差异的。总公司有时不能详细掌握分店情况，单纯地以为店铺的工作很简单，招上人来分配去做就行，所以做的相关说明就可能不够详细，因此会出现具体情况与招聘信息不符的情况。所以，非要由总公司进行招聘的话，那总公司要对店铺情况进行深入的了解。

店长应该向总公司提出招聘要求。

曾有店长向我咨询："总公司负责招聘，我们店里总是不会分到好的兼职员工。"我通常会反问店长："总公司是用什么方法进行招聘的呢？""这个我还真不知道，可能是在网上招聘吧。"几乎有一半的店长回答不出我的问题。他们觉得招聘是总公司的事情，与自己没有关系，所以就不去关注。我会继续问："把你需要的人才类型告诉给总公司了吗？"几乎所有店长都回答说："没有。"尽管他们对总公司的招聘方式不满，却不向总公司提任何意见。

总公司进行人员招聘都是从总公司的角度出发的，如果店长不向总公司反馈意见，总公司是不会在招聘信息里写上各个店铺的情况的。店长自己不反馈，甚至不知道总公司如何进行招聘，那么分不到合适的员工，你能全赖总公司吗？

"总公司要是这么写的话，肯定不会有人来我们店应聘的。"要把自己店铺的情况向总公司反映。可能招聘都是区域经理以上级别的部门在做，那店长就要先把自己的意见反馈给区域经理。

如果店长一直把所有原因都推给其他部门，很难想象店长以后要如何晋升。店长自己主动去解决问题远比依赖别人好。

难题 **32**＿

因兼职员工的离职率高
而被上司训诉。

答案 稳定在职率的三个关键：受人尊重的店长、
店员间的人际关系、正确的测评。

店长是否受到店员的尊重？

　　店长如何让好不容易才招到的店员长期在店里做下去？
答案是店长要努力成为受人尊重的店长。

　　我曾做过"你为什么要打工"的问卷调查，收到最多的
回答是为了增加社会经验。学生们的回答占前三位的分别是
增加社会经验、增强交流能力、提高自身社会属性。因为在
正式就职面试时会被问到以前兼职打工的经历，学生们想在
兼职中学到对自己未来职业规划有用的东西，所以才会做兼

解忧
店长

50经
个营
答难
案题
的

职，如果除了工资什么都得不到，那肯定会辞职的。

　　这时就凸显店长的作用了。店长能教给店员什么技能？哪怕是教会店员一些职场的为人处世原则、思维方式等，店员也不会很快辞职。店长在和店员一起吃饭的时候听听店员的烦恼并提出一些解决建议，这样就会使店长受到尊重，甚至使店员以店长为榜样。打工的学生如果能学到很多东西，那他们是不会轻易辞职的。所以，店长要确保和店员有充足的时间交流。星巴克的店长会在4月份与每一名店员进行一次1小时面谈。正因为店长十分重视与店员的交流，所以星巴克的员工离职率特别低。店长通过面谈表达对店员的重视，增进和店员的关系，让店员明确成长目标。所以，面谈是十分重要的。

　　想一想你作为店长，在休息的时候是否表现出一脸的疲惫，平时就在店里翻看杂志，或者满腹牢骚？任何人的时间都是有限的，都想和能获得积极影响的人在一起，所以，做一名积极的店长吧！

管理店员间的人际关系也是店长的工作。

　　在一起工作的店员们的人际关系也关系到店员的离职

率。店长要对店铺里的人际关系保持敏感的态度，多组织一些可以增进店员内部人际关系的活动，在进行日常管理中要避免出现店员内部不愉快的氛围。

如果店内有店员的关系不是很好，在排班的时候不要把两个人排在一起。我的客户中有一家店铺的两名店员关系不是很好，店长在排班的时候会尽量把两个人分开。但是有一次排班出了错误，店长当天休息，两名店员被排在了同一天，他们发生口角甚至大打出手。为了防止这种事情发生，店长要对店员的人际关系持续关注。

不能让店员间的关系太坏，但是也要防止店员关系过好，当然大家一起愉快地工作是好事，但是如果关系太好，店里会变得松散，店员过于轻浮且不好好工作。例如，每天店里工作结束了，店员们会一起出去玩，或者把彼此的休息日排在同一天出去玩，这些对店里的经营是十分有打击性的。为此，店长要做好充分的人员管理工作。

好的店铺是在店长的合理管理下，店员们关系融洽，共同支持店长工作，尊敬并拥护店长。如果店长没有做好相关的管理工作，店员的离职率肯定会有所增加。

根据店铺的规定进行正确的人事考核。

为了让店员能够在店里长久地工作，要对店员进行正确的人事考核。如果有不周到的地方，要及时进行更正。对员工的工作进行评价需要根据其日常工作表现来进行，而不是根据店长个人的喜好。不好好工作的店员的时薪一涨再涨，经常翘班的店员的时薪和努力工作的人一样，这样的评价制度肯定会招致不满，试问谁会愿意在这种环境下工作？

另外，店铺的人工费紧缺，故此刻意对店员进行差评，不给店员涨工资的店铺也是有的。在招聘启事上写"时薪950日元"，然而，已经在店里工作了3年的老员工的时薪还是950日元。

对于兼职员工来说，哪怕时薪上调10日元，他们都会努力工作的。如果一下子给涨了很多，然后长时间不再涨，会导致兼职员工不满。因此，店长要逐渐稳定地上调时薪。

出现这样的问题多是因为店长没有理解店里的人事制度，或者错误地执行了制度。

由于店员们的入职时间各不相同，所以店员们接受测评的时间也不相同。店长要把握好每个店员的测评时间。但是如果店长没能理解店里的人事制度或者没能把握好每个人的测评时间，就都会导致问题的出现。

　　有的公司规定：员工入职3个月后，店长可随时对员工进行测评。有的店长会每个月都做一次细致的测评，然而有的店长一年也做不了一次测评。有的店长会找借口说："店员没有申请进行测评，我就没有对其进行测评。"

　　还有的店长没有利用总公司制定的相关教育制度和培训制度。在一些企业通过资格考试就可以加薪，但是店长不参加相关培训，也不告诉店员有这样的培训。店员在入职时看到的培训资料里有相关介绍，但实际店里却不执行，导致店员丧失对店长的信任，最终辞职。

　　兼职员工能否在店里稳定工作是一个店长实力的体现。店长换人后，大约半年，店里的离职率和营业额也会发生改变。从离职率较高的店铺出来的店长到任何店铺都留不住店员，相反，能力高的店长在哪里都能让店员安心工作。这便是店长实力差别的体现。所以，店长要做到的是与店员面谈、协助店员制定成长目标，根据公司的相关规定对店员进行正确的测评，并以工资的形式加以体现。

难题 **33**_ 再怎么招聘兼职员工也没法
解决人手不足的问题。

 答案 制订符合店铺的理想体制，并基于此制订招
聘计划。

制订并实施招聘计划。

在招聘兼职员工前要制订录用计划。在店铺中放多少人
工作合适？店长应在确定人数后再进行必要的招聘。如果店
铺的收支状况公开透明，那就按照店铺的情况进行招聘，否
则就按照总公司的数据进行招聘，并以劳务费比率、单位时
间工作量以及劳动分配率等为基准开展招聘工作。经营层要
根据店铺的数值来确定店铺在现有的成本范围内能够雇佣的
兼职员工数量。

第 3 章 店长的烦恼 录用、人事问题

115

例如，预计销售额为1000万日元，劳务费占30%的话就是300万日元。也就是说，店员的工资、法定福利、交通费放在一起只能用300万日元。2～3名正式员工的话就要支付约100万日元，剩余将近200万日元用来招聘兼职员工，然后确定一周要招多少名兼职员工，每名兼职员工要做几个小时。最好的模式是每个兼职员工每周工作3天，每天工作6小时，根据这个来确定最终要雇用多少店员。这项工作看似容易操作，但是很多店铺都不去做，然后店长一直说店里人手不够。这样的店长真的知道店里需要多少人吗？兼职员工的工作时间比较分散，店长自己都没有好好去把握。

　　如果弄不清店里的最优人员结构，肯定是要面临人员不足的问题，而且也很难达成营业目标。所以，店长还是先制订切实可行的招聘计划，不然永远都不会解决人手不足的问题。

　　有很多店长想增加店里的销售额，想出的办法就是增加兼职员工的数量，但是不知道要增加多少营业额，也并没有计算出来招多少兼职员工合适。为什么不算呢？因为工资是总公司支付的，如果各个店铺自行支付劳务费用的话，店长肯定会进行计算的。

　　例如，兼职员工的时薪是1000日元，那么兼职员工要为店铺赚回工资3倍的营业额，就是每小时要赚3000日元。一天工作4小时的话，销售额就该是12000日元，如果赚不来这么多钱那就不要录用。

有的店长觉得店里营业额低就是因为没有足够数量的店员，就开始录用兼职员工，然而增加兼职员工并不能提高店铺的收入，甚至会使店铺陷入一个恶性循环。

所以，店长在开始录用员工之前首先要做的是把店里的情况搞清楚，制订合理的招聘计划。

難題 **34**_ 在面试求职者的时候应该
注意些什么?

 答案 面试就像相亲,别张口闭口谈条件。

要把自己关心的问题传达给对方。

在录用兼职员工的时候很容易变成彼此谈条件。"什么时候能来工作?""一天能工作几小时?周末可以出勤吗?""假期你能来上班吗?"用人方不停地提出条件,面试也单纯地成为对各种条件的确认。

单纯谈条件的话会让面试者觉得,店里在乎的只是面试者能不能来工作,对面试者自身一点兴趣都没有。只要有一点不合适,店铺就可能结束面试。这样的招聘极容易变成时间的交易,只要对方时间合适,那就录用,如果这个岗位要

解忧
店长

50经
个营
答难
案题
的

求一些专业技能，那就忽略技术。

例如，书店招进来的兼职员工不懂书和杂志、服装店招进来的兼职员工不懂流行元素，这样的话兼职员工也不好开展工作，带他的老店员也会感到头疼。如果顾客问了一些问题，兼职员工一问三不知，这对任何人来说都不是好事。

在面试中只强调各种条件，完全不问面试者一些工作以外的问题，会让面试者觉得自己根本就没有被认同，只要花时间工作就行。有的面试者即使条件都合适也不会在这种冷冰冰的店铺中工作。相反，店长在面试过程中与面试者聊一些关于面试者的个人问题，比如性格、特长、能力，以及能为店里做出什么贡献等，要表示对面试者的兴趣。

面试就是一场相亲，所以要表示自己对对方的兴趣，别单纯谈条件。

第 4 章

店长的烦恼

销售额、利润、顾客
满意度问题

难题 **35**_ 支出预算过高，如何制订经营目标？

 答案 **虽然预算很紧张，但是也不能缩紧预算。**

店长不应该说预算过高。

作为大前提我想和大家交代一句：经营者以外的人是没有资格说预算过高或者预算过低的。预算是在确定经营计划基础上制订的，员工涨薪、设备更新、新项目投资、处理事故所需的资金周转等，这些钱都要算进预算支出。企业经营要从短期、中期和长期来规避风险、实现增长。

我认为各位读者的工资不会每月递减，但是如果今年的业绩不如上一年度的话，大家的工资会相应减少；如果公司的业绩上涨，肯定是会给大家涨工资的。

我的客户中，大多数企业在制订下一年经营计划的时候会举办一次封闭式会议。社长以下的董事和干部要全员参加，用2~3天时间去制订经营战略和财务计划。这些会议会在日本伊豆和叶山等地举办。他们不是为了去这些风景名胜消遣，为的是专心开会。因为在公司开会会被各种业务电话和访客打断。据我了解，基本所有的会议都从早开到晚，与会者为了维护员工、股东和客户的利益会十分谨慎地制订计划。

公司的员工要结婚、生孩子、养孩子，每一项都要花很多钱。为了给员工涨工资，必须扩大企业的盈利规模。所以，公司就要开发新的投资项目。如果销售额和利润降低了的话，就会导致投资资金短缺，所以这些对数字十分敏感的经营者会制订极其细致的预算计划。

对没有参加过制订预算的人来说，随意评价"预算太高""没必要的支出"，简直是班门弄斧。

各项预算数值不一定都是精确的，但都是经过深思熟虑计算出来的，所以门外汉不要对数值的高低发牢骚。

制订年度计划和预算计划是很难的一项工作，所以店长不要总想着数值太高，如果一直想着这个的话会深陷其中。

各种预算制订之后，店长为了实现预算中的各项指标必须进行挑战。店长不要只盯着数值，要想想怎么来实现这么多的销售

123

额和利润。想法的转变会对店铺以后的运营产生重要的影响。

比上一年做更多的努力。

有的人要问："如何实现新年度的预算计划？"答案很简单，比上一年度多做一些努力就可以了，不用大刀阔斧地去干，只要精益求精就好。

年度计划中要求新一年的销售额和收益都要比上一年增长2%，简单来说就是比上一年多工作2%就好，要知道不是从0做到102。

例如，上一年发出去了1000张传单，今年计划发出1020张传单。但是由于结果会受很多因素影响，不是多增加2%的劳动就可以了，要付出更多的努力才能确保至少2%的增长。

那么要采取什么样的措施呢？首先要知道前一年采取了什么措施。查看前一年各个月份的报告书，要关注的不仅是数字，还要看举办的个性促销活动取得了什么成果，开发了什么新产品，把各项记录作为今年的行动参考。店长要从量和质的层面上决定采取什么样的措施。当店长决定要做什么的时候，执行计划就不会那么困难了。

如果不回顾上一年的各种计划，单纯地以为要从0做到102，肯定会觉得这个难度太大。回顾上一年的各种记录，把它当作100，今年只要增长2就可以，这样想就不会那么难了。当然要是没有参照上一年记录的习惯，只看新的年度计划，肯定会手忙脚乱。

很多企业的经营者又要说了："上一年度的各种报告只是单纯的数字而已。"我的客户很多人就真的是只看上一年度的各类数值，不去关注各类具体活动的结果，仅仅依靠数字的高低来做判断。因此，他们每天都为销售额的高低或喜或忧。只看数字的话，店长根本就不知道是什么导致这样的数字出现。如果不记录当时的各项具体措施与活动的话，数字会十分空洞。

从记录中可以看到什么？

上面提到的具体活动不仅是指各种销售活动，还包括人事调动等。人手充足时实现的结果100，和人手不足时实现的结果100是有天壤之别的。例如，原本需要10个人工作的地方，却只有9个人工作，实现了结果100，那么再加进去一个人的话肯定会达成100的结果。但是如果今年还是人员不足，甚至不到9个人，那就要制订另一套执行方案了。

同时，店长还要关注外部环境，周围同行店铺的开张或倒闭也会对自己店铺的经营结果产生影响。再比如，天气状况、店铺周围的其他活动等，店长都应该记录到月份报告中。

难题 **36**_ 如何使热门商品的
销量翻倍？

 答案 让所有员工了解商品的相关知识并能够进行
销售。

你能说出推荐热门商品的理由吗？

想让热门商品的销售额翻倍的理由有两点：一是想让更
多顾客知道新产品；二是为完成销售计划想用热门商品拉高
销售额。

想让更多顾客知道新产品的话，就要积极向顾客推销。
当有顾客犹豫要不要买的时候，店员可以介绍说："这是我们
店最热门的商品。"但是，店员不能只说这么一句。为什么是
热门商品、商品哪里好，这些都要一并告诉给顾客。

解忧
店长

50经个营答难案题的

然而不要说是热门商品，一些店铺里的店长和店员甚至对普通商品都一知半解。当给顾客推荐时，顾客问："这个商品好在哪里？"店员不知道如何回答，这样的店员不在少数。不知道自己店铺的商品好在哪里，谈何推销。

学好商品知识才能给顾客推荐。

某家家居店有位女性销售人员，她会仔细地调查自己想要卖出去的商品，我曾见过她接待顾客、推销产品的样子，真的是十分引人注意。

那家家居店出售的不是十分高档的居家用品，店里面写着各类商品的价格范围以供顾客挑选。有位顾客来店里买椅子，看中一把，坐上去感觉很舒服，但是觉得价格有点高。这时她解释说："我们店的椅子经过测试，测试它被坐多少次后会老化，结果是10万次。价格便宜的椅子差不多5年就用不了了，而这把椅子您可以坐20年。这么看的话性价比还是很划算的，而且它的外观也很时尚，您觉得呢？"

能够做出这样的说明与解释，看来她是做了很多准备的，她和其他店员的差别也就在这里。顾客听了这么详细的解释想必也会决定买下来吧。

如果想提高销售额，仅仅靠制作宣传海报和传单去推销产品的话是无法实现销售额翻倍的，最根本的是要记住商品的相关知识，海报和传单只不过是吸引顾客的手段而已。顾客专门来你店里选购，而你和你的店员不能对答如流，顾客会买你的商品吗？

　　顾客在买一件商品前会货比三家，而且商品越贵顾客就越会这样。当顾客在你店里挑选的时候，你店里的员工必须能说出自家产品和其他产品的区别和对比优势等。所以，想要卖出商品，店长和店员就要好好学习相关知识。只有具备足够的产品知识，才能够自信满满地向顾客进行推销。如果店长和所有店员都能做到这样，那店铺的销售额肯定会一路攀升。

难题 **37** 想提高营业额，却没有促销
活动经费。

 营业额的增加不是靠活动经费决定的，靠的
是店铺全员的努力。

开设店铺便是最大的促销活动。

对总公司来说，促销活动的经费一般是没有的。有的店
长想去申请促销活动经费，要知道这是经营层决定的事情，
不是店长能左右的。

原本最大的促销活动经费是花在店铺本身的，已经有了
店铺这个促销展位，接下来再做一个招牌就可以了。首先要
让店铺比较显眼，吸引眼球。

作为店长，你研究过店外放置的招牌吗？放在哪儿？写

第4章 店长的烦恼 销售额、利润、顾客满意度问题

129

的什么？怎么摆放？你有没有从顾客的角度去审视过招牌？店门口有没有放什么不方便顾客进店的东西？这些都是需要你一一确认的。

有的店铺没有做宣传广告，但是还是很受欢迎；有的店铺店面很小但还是很受追捧，即使店里没有自己的网页，但生意依旧很火爆，这就是店员们做出的各种努力留住了顾客，这才是店铺最大的促销活动。店长要记住的是，自己能做的最大的努力就是让顾客满意，让顾客下次还来，并且带着其他新顾客来，这就是店里效率最高的促销活动。如果没有弄清这一点，店长就会把营业额不好归咎于今年没有活动经费。

凡事还是要靠自己，有一次依靠了别人就容易丧失自己的战斗力。所以，作为店长，你要做好日常的经营销售，不要把没有活动经费作为借口。

认真对待每一位顾客是提高销售额的捷径。

我的客户中有做餐饮店的店长，他曾经做过这样一个比较：很多餐饮店都会在同一个网站上发布店铺信息，他对比了发消息与没发消息的区别。结果他发现没有发布消息的时候，店里的销售额减少了一些，但是收益变好了，因为没有花费"促销活动"成本。

各种促销活动的费用是要实打实地花钱的，花出去了钱，却没有赚回来相应的销售额，那么整体的收益情况是亏损的。

所以在不使用促销费用的情况下，店长要把这个钱用在提高服务质量、改善店里环境、提高顾客满意度上。店里的整体服务上去了，业绩肯定会转好的。

我建议各位店长放弃举办促销活动的念头，好的店铺肯定会有人来。如果把不能吸引来顾客的理由都归咎于外部条件，那么顾客依旧不会来。所以，要做好各种服务让顾客成为店铺的回头客。

难题 **38** 客单价和顾客数哪个更重要？

 答案 当然是顾客数重要。调高了客单价，但顾客数减少了是十分危险的。

要对顾客数的变化敏感。

客单价和顾客数哪个更重要？当然是顾客数更重要。因为客单价是受顾客数影响的，如果没有顾客来的话，调整客单价是没有意义的，因此要绝对重视顾客数量。

有的餐饮店十分注重客单价，如果店里只有1万日元的套餐，那么就无形中限定了消费人群。所以不要把客单价定得太高，要让更多的顾客能来店里消费，这些顾客中有的人可能会消费很多，比如会点一瓶1万日元的红酒，这样店铺就能间接获取较高客单价。所以，各位店长要记住，没有顾客数就无法进行经营。

由于消费税的提高，很多企业的营业额都超过了上一年，其主要原因是客单价上涨了。因为消费税的增加而使商品价格提高，或者因为汇率变动、原料价格上涨而提高商品价格等都是客单价上涨的机会。

但是从顾客数来看，实际上是减少的，这是一个十分危险的状态。成本上涨了，提高客单价也是理所当然的，但是不管何种行业都应该更加关注顾客数。

如果一家店铺的顾客数减少了，那么这家店的追捧者也就减少了。即使是客单价降低了，但是顾客数很多，那么店铺还能维持下去。当自家店铺的忠实顾客增多时，他们是可以接受店铺对商品价格做些许调整的。

提高客单价之前要增加顾客数。

假设现在要把原价5000日元的商品调整为6000日元。如果成本率是50%的话，原价5000日元的商品的毛利润就是2500日元。在不改变成本的条件下，将价格调整为6000日元，毛利润是3500日元。乍一看，客单价提高了，店铺的盈利会好一些，但是事情没有这么简单。因为，提高客单价必定要损失一定的顾客数。如果顾客减少三成，其结果就是利润为负。顾客对客单价的反应远远比我们预想的厉害。而维持商品原价5000日元不变，每增加一位顾客，毛利润就会增加2500日元。所以，顾客数远比客单价重要。

有一种说法是，一种商品毛利润越高，则商品的品牌力越强，但是这仅限于有巨大品牌效力的企业。如果奢侈品价格下调了，人们反而会觉得可能是假货，或者是这个品牌不行了，在这种情况下就只专注于客单价就好了。但是，如果没有巨大的品牌力，还一味地注重客单价，则只会导致经营出现问题。只有当店铺的名气响当当的时候，一提到店铺的名字人们都赞不绝口，那时再去关注客单价。

如果店里的顾客数减少，人们会觉得这家店的产品根本不值那个价。但是相反，如果顾客数增加，人们就会觉得店铺在十分努力地经营。所以，店长最先该做的是想办法吸引更多的顾客，等名气大了再调整和自己名气相符的客单价。

难题 **39_** 如何严格控制成本？

 不考虑控制成本，就不会想着去打折销售。

不要控制成本。

原本原价就不是要控制的东西。当原价波动的时候，要么是店里亏本经营，要么是打折销售。所以只要店家不倒闭或者顾客不讲价，商品的原价就不会变动。在商品打折这个问题上，日本关西地区的百货商场和东京地区完全不同，在关西甚至有种说法：店家如果不打折就无法进行交易。这是因为有打折销售的情况存在，买卖双方都会在讨价还价后做成交易，这实在是不该有的事情。

如果想控制原价，那就让顾客购买高毛利率的商品，推

第4章 店长的烦恼 销售额、利润、顾客满意度问题

销时只去推销高毛利率的商品。

但是这样的商品真的是顾客想要的商品吗？真的是店里想要销售的商品吗？这便是问题所在。如果说单纯为了降低成本率、提高毛利率而去向顾客推销一些顾客不需要的商品的话，会慢慢失去顾客的。

店铺销售顾客真正需要的商品（无关乎成本率高低），就不会在意毛利率的高低，这样也会招徕更多的顾客。与其看中毛利率，不如注重毛利润数值。即使成本率上涨，但是毛利润增加，间接就可以压低成本率。所以，店长不要太刻意地关注成本率。

打折的话会售罄。

商家打折无非两种情况：一是定价中包含了很高的毛利率，可能是我以小人之心度君子之腹了；二是商家亏本销售。

打折是以牺牲商家的利益来使顾客满意的一种行为，并不是双赢。虽然可能让买方占到便宜，但是买卖原本就是平等的物物交换，本就应该让顾客以合理的价格购买商品。卖方如果亏本销售的话，是对自家商品的过度打折。

经常会看到有的商家搞促销活动，写着"跳楼大甩卖"

之类的宣传语。其实没那个必要，以正常价卖就好。

打折销售就意味着定价并没有真实反映商品的价值，打折销售的话会给卖方留下贱卖的形象，甚至会降低品牌影响力，而且还会降低毛利率。

在服装行业经常能看到这种降价销售的情况，促销季商品的售价或是原来的一半，或是原来的40%。这就是服装行业的商业模式，打折销售的时候就会清空库存。

好的商品就要以合理的价格进行销售，销售人员要为此做出努力，如果靠打折销售，就会在价格战中被吞噬。

经常打折销售的话，顾客也不会按照定价来买，只等打折。而且，店铺只有在打折时才能销售的话，销售人员的自尊心也会受到打击。所以，打折销售对任何人来说都不是好事。

难题 **40_** 库存要不要减少？

答案 如果是自己的钱，你会买大量商品做库存吗？还是说因为是公司的钱你才敢买？

反正不是自己的钱，先买了囤着。

有的店长害怕库存不足，所以会保有大量库存。我会问这些店长："如果用的不是公司的钱而是你自己的钱，你会买这么多吗？"店铺要保有大量库存的话，是要花大量钱去采购的，而这过程中花掉的是公司的钱。有的店长甚至会认为花公司的钱很保险，所以就进行了大量采购。

但是，如果花的是你自己的钱你还会买吗？例如，洗发水半价促销，会有人一下子买100瓶存着吗？其实最多买2

解忧
店长

50经营难题的个答案

瓶。但是花着公司的钱，以不放心为借口买上100瓶的店铺是真实存在的。因库存多是以现金形式存在，不会计入利益损失表，成本率也不会大幅增加。因为不是损失，所以有的店铺会保有大量库存。有的店长会说："不想丧失占有市场的机会。"但是作为经营者，我想问："花那么多钱在没必要的东西上，你到底想干什么？"

很多店长都有的一个共性就是搞大量的库存，但是如果用自己的钱去买，他们又肯定不会买那么多，所以从一开始就不要买没有必要的东西。

根据以往的销售情况保有库存就可以了。

即使我这样解释，还是会有店长说："减少库存的话，我会不放心。"我会反问："以往这个商品你最多卖了多少？你现在的库存是原来的1倍，今后你觉得可能全卖掉吗？"这个问题会让大部分店长哑口无言。

原本新年度的库存只要与上一年度的销售数量持平就可以。有的店长担心缺货，就多买了1倍。当然要是全能卖掉的话最好了，假使在非常规的情况全部库存都被卖掉了，导致缺货，可这也比并不知道能卖多少还搞了一大堆库存要好得多。卖光所有库存商品并不是会经常出现的情况，所以每个月都保有大量的库存是十分不合理的。

要知道库存是占用现金的，如果库存商品损坏了，那会直接变成损失。大量库存还会消耗大量的仓库费用，以及增加货物搬运的人工和成本。所以，大量保有库存的话是没有任何好处的。保有大量库存的店长多是没有进行仔细计算，订货也全是一拍脑袋决定的，单纯觉得库存多就能放心。

如果不善于采购，那就给自己定一个采购数量限制，根据以往的销售数量和现在的销售计划来确定现在的购买数量。如果商品被全部卖光的话，店长也没有必要不安。要坚守的是实际采购数量绝对不超过合理计算出的采购数量。

难题 **41** 削减人员开支，只能采用
裁员的办法吗？

 答案 还是想办法增加销售额吧，不应该采用裁员
的办法。

反正不是花自己的钱，还是要保证有充足的人手。

各家公司都会十分严格地管控人工费用。削减人工费其
实是想解决人工费比率过高问题。各家公司都有一个合适的
人工费比率和劳动分配率标准，超过这个标准的话就是消耗
了过多的人工费用，所以才要削减人工费。

'　　和上一个问题中提到的库存问题类似，很多店长出于保
险起见，要保有大量的库存和人员。店长会说："在某个时间
段会突然有一大拨顾客来店里，我怕应付不过来，所以在店

第 4 章　店长的烦恼　销售额、利润、顾客满意度问题

里安排了很多店员。"

此外，有的店长还错误地预算了销售额，导致人工费比率上涨。为了稳定人工费比率，店长要在最初就做好销售预算，并根据预算来确定劳务费的多少。

根据以往的销售记录，可以确定大体上每天有多少顾客上门。当然每年可能会有几天的反常日子，顾客数暴增。但那也是在所难免的，没有哪家店会为了短短几天的顾客激增而常年雇用大量员工。

有的店长觉得反正花的是公司的钱，又不是自己掏腰包，会找各种理由增加店里的店员数量。如果这家店是你的自家财产，你还会安排大量店员吗？肯定不会，多余一个都不会招聘的。

个体店的话由于店长是店铺的所有者，店长会尽量用最少的店员来工作，因为人工费是要店长自己掏腰包的。希望各位连锁店的店长能够抛弃自己是在给别人打工的观念，把店铺当成自己的产业来经营。

提高销售额、维护员工利益是店长的职责所在。

那么，店长怎么做才能降低人工费比率？答案很简单：

不裁员，但是要增加销售额。

　　裁员或者缩短员工工作时长的话，员工的收入会相应减少。要知道店员中有的人是靠着打工收入维持生活的，是不能减少这样的店员的工作时间和出勤日数的。所以，店长要做的就只有增加店里的销售额了。

　　如果不把工作重点放在增加销售额上，是永远没办法解决人工费过高的问题的。人工费持续过高的话，店铺的利润损失表上会出现赤字，如果连续赤字的话，会有撤店的危险。店铺倒闭了才是大家最不想看到的。

　　为防止店铺倒闭，店长就要正确制定预算，合理雇用员工，努力提高店铺销售额。只要开店，有客人前来消费，就会有销售业绩。店里的员工能够向顾客正确地传达出商品的优势，并且能够提供优质的待客服务，店里的客人不但不会减少，反而会有大量的回头客。所以，店长要努力朝着这个方向努力。

　　店员都是店长自己面试录取的，店长有责任维护每一位店员的利益。不能说因为店里业绩不好就把店员裁掉了，店长要拿出拼死的决心为了店员们而努力提高销售额。如果销售额有所下降，那就把它搞上去。

难题 **42** 店铺附近开了其他同类
新店该如何应对？

答案 要觉得幸运啊，和同行好好相处。

要和竞争店铺搞好关系！

　　总是会有很多同类型的店铺，开在自己店的对面或者隔壁，比如餐饮店，因为餐饮店的店铺面积都在30～60平方米，也都会选在人群聚集的地段，所以很容易造成同行店铺开在一起的情况。

　　这种情况下有的店长就要想怎么对付同行店铺，我倒觉得大可不必。同行不一定就是冤家，我希望大家能好好相处。方法很简单，店长可当自己的店坐满了顾客，那就推荐没有座位的顾客去同行的店铺吃饭好了。

解忧
店长

50
个
经
营
难
题
的
答
案

"老板，我家店里坐满了顾客，这4名客人能带到您店里来就餐吗？"

"4位客人的话我家店里能招待下，你带过来吧。"

和同行店铺做好这种事前协商，彼此可以把招待不下的顾客带到对方店铺，既不会有损自家店的生意，还能增进彼此的友好关系。

然而很多店铺都把和同行的关系定位成竞争关系，尽可能把自家的招牌摆在显眼的位置，先一步发放活动传单，店员在门口争抢客人，或者把酒水的价格调到比同行便宜10日元等，做的这一切都是把同行当成敌人的行为。更有甚者散播同行店铺的负面消息，比如"还是不要去那家店了，那家店不行"等消息，这样的店长大有人在。这样的竞争只不过是单纯的消耗战。

各位店长觉得有必要做这种两败俱伤的事情吗？要知道来不来店里就餐是顾客自己的选择，店铺之间相互争斗揽客是没有一点好处的。

反之，和店里的顾客说："那家店的菜品很不错的，您下次可以去尝试一下。"顾客听了你的话去了你推荐的店铺尝过之后觉得的确不错，也会和店里说："你们隔壁店铺老板说你店里的菜品很好，我就过来试试。真的不错！"这样一来，隔壁店铺也会介绍客人给你作为答谢，何乐而不为呢？

用你最想销售的产品来保持优势。

　　可能你家店铺不会去做这样的恶性竞争，但是有可能会被同行当成攻击对象。但即使被攻击，也不要以其人之道还治其人之身，你要尽量保持友好的姿态。因为只要你回击了，那就会变成无休止的消耗战。

　　别的店降价了，你的店也不要降价，否则就变成价格战了，对方会继续降价。要避免这种恶性循环，即使对方做出了攻击行为也千万不要回击。

　　如果非要回击，那就做出一个店内的热销商品，以此取胜。把店里最想卖给顾客的产品做成热销产品，不断打磨完善，靠这样的商品获取竞争优势，使自己立于不败之地。如果其他店铺也做出了同样的商品，那么你就要精益求精，让自家店铺的商品品质更优、分量更足、价格更优。

　　这样的举措不是和同行进行恶性竞争，是店铺内部的完善。店长应注重商品和服务。比起和外人争斗，修炼好自己店铺的"内功"更加重要。

　　如果能够和同行处好关系，就不会感受到来自外界的巨大压力，偶尔去同行店铺吃吃饭，也会增进彼此的合作关系。当出现竞争店铺时，你该感到幸运才是，主动向对手发出和谐共处的信号。

43_ 如何倾听顾客的声音?

 答案 店长主动和顾客说话,会立刻收到顾客反馈。

店长要去倾听顾客的话语。

经常看到店铺里放着问卷卡,当店里收到问卷卡时会有两种结果,要么是被表扬了,要么是被顾客批评了。如果店铺收到顾客的抱怨和批评,那也是好事,顾客再小的要求,店铺方面也要尽量达到。然而顾客有时又不会把一些小意见、小希望写在问卷卡上。

这时店长要怎么做才好呢?

很简单,店长直接去问顾客就好了:"今天的菜品怎么样?""您试试这款产品如何?""您对我们店里的服务满意吗?"

也正因为你是店长，是店里的最高领导，才更容易问出顾客的心声。"您好，我是这家店的店长，您对我们店里有什么改进意见吗？"对于这种问题，顾客基本都会如实说出自己的意见和建议。这也可以称得上是店长的一种技能了。如果在店里看到面带不悦之色的顾客，店长可以主动上去询问缘由，这样就会从顾客口中听到对自己店铺的优劣评价，或者询问："在这附近还有您比较中意的店吗？"这样还能问出其他店铺的信息。

把顾客的反馈传达给店员，对于店员改进服务也是有重要作用的。有的店员自己努力地工作，但是却总觉得自己做得不好。作为店长的你，可以问问顾客："这个店员是最近入职的，您觉得他的服务让您满意吗？"可以把顾客的回答直接告诉店员："刚才那位客人说你的服务做得很不错。"听了顾客的肯定，店员也会充满信心和干劲地工作下去。

每天听取一位顾客的反馈也好，这样一个月下来就能有二三十条反馈。也不用做大规模的问卷调查，店长只要和顾客简单地聊几句就可以了。

没有必要厚着脸皮采访顾客，只要简单说几句就可以。

店长要会的不是迅速地收好账款，而是多与店员和顾客交流。

难题 **44**　"超级待客店员"有些过于
优秀了。

 答案　让优秀的店员把自己的经验教给其他员工。

各家连锁店，待客水平应相同。

　　有的店员十分热情周到地接待顾客，致使顾客来店里时
指名要求该店员接待。这样的店员擅长接待顾客、深受顾客
好评、销售也名列前茅，我们称其为"超级待客店员"。店里
如果有一位这样的店员，那么店长的工作就不容易做了。

　　但是如果你的店里有这样的"超级待客店员"，我希望你
能注意。顾客都是为了这种店员来的，如果他辞职了，顾客
可能就不会再来了，他休班不在的时候或者辞职了，那店里
的经营就很难维持。

而且，顾客把"超级待客店员"的待客方式当成店里的标准的时候，很容易对其他的店员的待客和服务产生不满。所以，店长可以让"超级待客店员"优秀，但是不要过于优秀。

　　为了防止这样的事情发生，要让其他店员尽量掌握"超级待客店员"的待客态度和方法。办一场学习会，让他分享经验，也可以制作学习手册加以辅助。店长也可以任命"超级待客店员"为"待客指导员"，让他对其他店员进行指导培训。店长可以对"超级待客店员"说："你的能力如果是100的话，你发挥一半就可以了，另外一半用来教别人吧。"

　　在房地产销售领域和奢侈品销售领域里为了提高个人业绩，很多店员都会变成这种"超级待客店员"，但是在连锁店的话就没有必要做这种服务，各个店铺保持同一水平的服务就好。在一些注重团队合作的店铺，"超级待客店员"的存在反而会成为负面因素。

　　店员中可以有特别优秀的店员，但是要让其有所收敛，让其做一些指导其他店员的工作，进而提高全体店员的待客水平。

第 5 章

店长的烦恼

各类事故

难题 **45** 财物丢失，店里出现偷盗行为怎么办？

 答案 不要去找出是谁做的，首先要做的是在店里建立防盗机制。

即使有了线索，也不要去追查谁是犯人。

经常会出现收银台的现金和账目对不上或商品库存数目不对的情况。如果店里经常出现这种情况，店长会怀疑是不是谁偷偷拿走了。在这种情况下，有的店长会安装监控，按照排班表彻查谁是内鬼。但是，如果店长对店员们说："店里有人偷了钱和库存商品……"店里肯定会出现不稳定的氛围，店员们会怀疑一些自己觉得可能的店员，被怀疑的人因此辞职。这绝对不是正确的解决办法。

首先，由于不清楚丢失的钱款和商品是不是被偷盗了，所以不能一上来就怀疑店员。但是，店长要如实地把财物遗失的事情告诉给店员："收银台的收款总数数额不对，少了5000～10000日元，这种事情这个月已经发生5次了。大家在收银的时候一定要仔细核对数目，不要再次出现丢失现象。"店长要在不说是谁偷了的情况下，把事实告诉大家，同时表明自己没有怀疑店员的立场，接下来要做的就是建立防盗机制避免类似事情再次发生。

　　店铺中经常出现的情况是店员放在衣柜或者储存货物的仓库的财物发生丢失。这种情况下，店长要做的就是给员工的衣柜上锁，把店员的贵重物品集中在一个地方，上锁保管，只有店员可以开锁取出。如果是仓库丢东西了，那就在仓库上锁，钥匙由店长保管。店长要想出各种措施来杜绝偷盗事件的发生。

　　安上防盗锁只需要花费几千日元就可以了，远比直接去追查内鬼好得多。所以，店长要及早建立防盗机制，防止偷盗事件频发。

　　如果发现收银款少了，按照排班表进行追查，找到当天负责收银的店员质问他："是你拿了收银台里的钱吧！"但是如果他不承认，店长拿他没有办法。日本的法律规定，现金盗窃只有当场抓获才能处罚，只靠排班表来锁定偷盗者，如果对方不承认，其无法被处罚。

实际上，很多店长都是用排班表来和他怀疑的店员对质，没有一个人会主动承认自己盗窃。即使拿着排班表去警察局报案，警察也会因为你没有当场看见而不去逮捕你怀疑的店员，还很有可能你会被店员反咬一口，说你诬陷。

发生盗窃的主要责任应该在店长身上，是你没有做好防范机制。如果真的是店员偷了店里的财物，那么你应该进行反省，是你的疏忽让店员成了窃贼，今后要努力改进才是。

46_ 员工在工作时受伤！

难题

答案 必须学会急救措施。在录用的时候要问问对方的病史及身体状况。

为了能够冷静处理，要事先学会急救常识。

店员在店铺工作时受伤，多数是烫伤、烧伤、擦伤、割伤等，所以至少要学会如何处理以上事故和相应的急救措施。如果店员被热水烫伤，不要让他脱掉衣服；如果是伤口出血，就要按压止血等。店长在意外发生时要知道最基本的急救方法。

店长要记住附近医院的联系方式，当受伤店员需要医生救治时，比如店员突然晕倒，店长可以马上叫来救护车。在

第5章 店长的烦恼 各类事故

155

救护车到来之前，店长还可以对店员进行心肺复苏急救，并且要知道如何联系上店员家属。

此外，在面试的时候要问面试者是否患有疾病，如果在工作中出现身体不适，要叫救护车时，是有必要向医院交代清楚的。但是店长如果不能够直接问面试者是否患有疾病，可以委婉地询问："可以告诉我您的身体状况吗？或者说您有需要我们特别注意的问题，请告诉我。"

如果对方隐瞒自己的病史的话那是没有办法的，但是如果店方不问的话就会留下隐患。如果员工身患疾病没有提前说明，并且从事的是体力劳动，万一在工作时失去意识晕倒，不仅自己会受伤，还可能危及他人。

注意所有这些细节也是店长的工作之一。当出现问题时，店长不要慌张，冷静解决，在平时就要做好相应的准备。

难题 **47** 店内设备故障，该不该请人来修？

 答案 自己能修就自己修，修不了再请人。

先看一遍设备说明书。

店铺里经常会出现收银机出了故障、自动门开闭有问题或者下水道堵了的情况，这时要立马请维修人员来吗？

请维修人员来修理的话，是要产生费用的。即使是通一个下水道，上门服务费也要几万日元。

实际上，大多数小的故障都可以由店铺自行解决。依靠简单的操作就可以让设备恢复原状，设备说明书上基本都会有如何解决小故障的方法。所以先看看说明书，解决自己能够解决的问题。

第5章 店长的烦恼 各类事故

157

如果店长实在不知道哪里出了故障，再联系专业的修理人员，但是也要事先向上司汇报。

　　我的一位客户有一次突然收到设备修理公司发来的5万日元账单汇票，向其下属相关店铺询问才知道是设备修理费用，但是这些故障其实完全可以由店里自己排除。

　　所以，店长在请修理人员前先和上司请示一下，让上司判断是否有请修理人员的必要。

　　总结下来，在出现设备故障时，先看看说明书，解决不了再请人。如果自己掏腰包的话，你会立马请人来修吗？

難題 **48** 如何应对"找碴儿"的
顾客？

 答案 态度恶劣的找碴儿者根本就不是顾客。明确
告诉他：禁止入内。

店铺是有限制顾客进店的权利的。

"投诉"和"找碴儿"本就是不同的概念，要加以严格区
分。接到顾客投诉的话，就要真诚地对待。但是找碴儿就是
借着投诉来获得不正当利益。找碴儿的人根本就不是你的顾
客，如果遇到态度十分恶劣的找碴儿者，直接别让他进店就
好了。

有的顾客名义上说是投诉，实际上就是以此为借口让店
里给免单或者退款，甚至是要求店里支付赔偿金。这种是在

第5章 店长的烦恼 各类事故

159

金钱上找碴儿的人。

　　还有的人是在精神上找碴儿，如果不抱怨几句他就心里不痛快，谁都行，只要能一吐为快就行。这种人会多次来店里找员工聊天，占用员工的上班时间，通过聊天来排解自己的孤独和恼怒等精神压力。

　　有的店长不知道怎么应付这样的人。我给出的答案就是直接说："我们店不欢迎你，再来的话我就报警。"

　　店铺方面是有设施管理权的，简单来说就是有可以拒绝顾客的权利。例如，在一些有着装要求的店，衣冠不整的顾客即使想进店消费，店铺也可以拒绝其入内。再比如有年龄限制的店铺，也是可以拒绝年龄不符合标准的顾客进店的。

　　如果顾客已经遭到拒绝却还要进店的话，这就可以视作违反法律。在遭到店家拒绝后非法进入，引起骚乱或者长时间与店员纠缠，店方都可以以妨碍正常营业为由报警。

　　如果是暴力分子或者是可能威胁到店内安全的人来到店里，店方要迅速报警，提前与警察联系，交由警察处理。

　　买卖活动是建立在物物交换的基础上，店方提供的商品和服务要与收取的价格对等，所以店方没有必要卑躬屈膝。如果顾客对买到的商品不满意，那么退货、退款或更换就好了。如果客人还不依不饶，那就直接说："下次还请您不要来我店里购物了。"

如果店长对找碴儿的顾客言听计从，那么就没有足够的时间接待其他的顾客了。如果店长态度坚决地拒绝，这样的顾客基本不会再来了。

不要固执地认为顾客最重要。

有的顾客也来投诉或者抱怨，但是不至于是找碴儿，所以店方要正确区分对待。

有的顾客占用店员的大量时间说一些和店里没关系的话，店员可以当场拒绝说："我还有其他工作要做，先失陪了。"如果抱怨的内容和店里的商品服务没有任何关系，那么就不要理。

如果顾客缠着女性店员要联系方式的话，店长要明确告诉这样的顾客："我们店不欢迎你。"

有位店长和我说："前些天有人到我的店里投诉，到店门口就把门给踢坏了，的确是店里的商品有问题，店里给顾客退了款，然而，顾客把门踢坏了，店里有权要求顾客进行赔偿。"投诉和损坏物品是两码事，不能因为店里的商品有问题就把二者混为一谈。

如果店长没有正确认识到，就会任由顾客宰割，接受无理的要求。对于提出无理要求的人，店长不把他们当成顾客就好。为了避免被顾客找碴儿，店长要用正确的理论武装自己。

难题 49 客人如果吵起来该如何
解决?

答案 店方不要参与调解，直接报警就好。

优先保护店员和其他客人的安全。

在餐饮店有的顾客会因为醉酒而与其他顾客发生口角或
者动手打架。有人会觉得这时店方应该立刻上前制止。但
是，如果制止不当的话，店员是有可能受伤的。店长要保护
店员和顾客的安全，首先将店里的其他顾客疏导到安全的地
方然后赶紧报警。面对肢体冲突，大原则就是不参与，如果
上前制止被误伤了就麻烦了。

如果店内的人手足够控制住打架的顾客，那就上前制服；
如果特别危险，那就直接报警，让警察来处理。

第5章 店长的烦恼 各类事故

163

假如店里遭遇抢劫，应对办法也是如此。有的人会与歹徒搏斗或者追赶歹徒。但是，如果被歹徒打伤或者遭到打击报复都是十分危险的。所以店长不要逞强，直接报警。

难题 **50** 如何拒绝回头客的无理要求？

 答案 无法接受就直接拒绝。

有了判断标准就不难做评判。

我有一位客户是开餐厅的，他曾经向我咨询："店里的回头客说自己总来店里照顾生意，所以想把他自己库存的红酒拿到我店里来卖。我该怎么办呢？"面对这种要求，有一个应对标准，那就是其他普通客人提出同样的要求你会答应吗？店长回答说："不会同意的。"

我回复说："那么你直接拒绝他就好了，如果他因此而不来你家店里吃饭了，那就不来好了。"

店里和顾客的每次交易在结账后就结束了，一手交钱一

第5章 店长的烦恼 各类事故

手交货，交易结束。即使是回头客也不能提出过分的要求，提出的话你就拒绝。顾客想提出打折或者其他一些特殊要求的话，当场拒绝就好。

但是，如果店里主动想给顾客一些优惠，比如送生日优惠卡之类的行为则另当别论。

判断标准不能模糊不清，不能对所有顾客都执行的标准就不是合理的。店长要根据店里的标准服务顾客，不能接受就不要开后门，直接拒绝。

如果店长给回头客开了后门，店员会感到不安。当顾客来投诉时，店长如果没有出面，店员会不知道如何应对，也会丧失对店长的信任。

如果店里有正确的标准，发生问题时就可以正确应对。别被顾客吓倒，店长要在必要的场合坚决说"不"。

终 章

成为优秀店长
后的烦恼

烦恼 1 工资上不去，
开始考虑跳槽。

—

答案 抱怨也不会再涨工资。

对工作没有热情的人到哪家公司都不会有所作为。

日本有各类连锁店，有几百家分店的连锁店会因为各家店铺的差异而出现服务水平下降、店员没有活力、在工作环境中容易感到疲劳等问题。从局外人的视角来看，那家店的店长完全就是在店里混日子，他只是做好自己手上的工作，不想出力、不想负责，只是为了磨时间，不努力接待顾客，他们觉得再怎么努力也不会涨工资，所以干脆放弃努力。原因多是他对总公司没有信任吧。

这样的店长认为："我们公司的人事考核制度存在问题，再怎么努力也不会升职加薪，我把手头的工作做成这样就可

解忧
店长

50个经营难题的答案

168

以了。"所以，他们根本就不努力工作，慢慢地就开始考虑跳槽，觉得去了别的公司就能被认可。

可以说，这么想的店长到任何一家公司去都不会升职的，即使公司里有再好的人事制度、再完备的薪酬体系，没有工作欲望的人也不会出人头地。如果有，那也是暂时的。

我的客户中就出现过这种情况，他们在录用时会遇到夸大自己业绩的人。这样的人在大企业中十分能干，所以就录用其为部长。然而，他们的谎言很快就会被揭穿，名不副实的人大有人在。在面试和简历上做得特别好看，但是没有努力工作的人到了新的岗位还是不能很快适应工作，会立马露出马脚。这样优秀的人为什么会跳槽，录用的时候你想过吗？

真正优秀的人会通过猎头来进行跳槽，直接参加企业招聘并进入管理层的案例少之又少。这样的人基本是想在新岗位上做一些重要的工作，然而到了新岗位上他们并不能真正发挥作用。结果就是由于没有真才实学，到了新岗位之后会被人立马发现。

做一只"出头鸟"。

与其抱怨公司不给涨工资，不如即使不涨工资也努力工作，最终升职加薪会随之而来。这样的店长才是公司最需要的人才。

经营层知道每家店的店长的状态，"这个人总是偷懒""做工作很是应付，一出现问题就把责任推到别人身上""他一直在很努力地工作"等等，从日常的言行和工作状态就能看出来的。

应付工作的店长只会等着公司根据人事制度来考核；而努力工作的店长，他的业绩可能直接被社长认可。社长一句话就可以绕过人事考核体系，直接任命他为区域经理，可以说是瞬间升职加薪。

在实际生活中我遇到过好几位都是这样升职加薪的，总公司社长的一句话就把他提到重要的岗位上。这样的店长和其他店长相比是有发光的地方的，他们的共性就是努力拼搏。

即使不升职、不加薪，但是努力工作的人肯定会改变这样的现状，也会等来其他工作伸出橄榄枝，最终得到人们的认可，这样的人都相信"尽人事听天命"。如果一家企业无法发现人才的价值，那就努力工作增加自我价值，在合适的时机跳槽。

老话说"枪打出头鸟"，但是你飞得够快的话，枪是打不到你的。所以，要出头的话，你就直接大放异彩好了，做到努力工作、提高业绩、人品也好，各个方面都十分优秀的话，肯定会引起人们的注意。如果你不够耀眼，那根本就不会有人注意到你的存在。

在得不到认可的公司内也能十分努力地工作的人，去了其他公司或者自己独立出来成立公司都会获得成功。这是我见到过的成功的店长的共同之处。

2

现在努力做店长，
那将来做什么呢？

—

答案 现在努力做好店长，就可以知道以后如何做
经营者。

店长等同于小经营者。

店长是从公司经营者手中获得了所在店铺最大权限的
人。在店铺里努力工作的店长基本都会有很好的未来。如果
店长想要今后成立自己的公司，那么这样的梦想也是能够实
现的。

店长在店里与大量的人接触，从事各种管理工作，管理
店铺资产，甚至可以称得上是代理社长进行店铺的运营。

特别是在餐饮店和零售店，店长做着各种各样的工作，

要学习的东西也特别多，如果能把自己当成一个小经营者努力工作，一定会掌握大量的技能。如果能够利用这些经验的话，就能够当上区域经理甚至是更高的职位，最终也可能成为真正的经营者。

很多人在做过店长后会成为公司的董事，或者开启另外一条道路，但是这些人中真正取得成功的都是当时努力做好店长的人。

希望你在被任命为店长后能够以此为骄傲努力工作，从而增加自身经验。

所有店长都会在初期遇到各种问题。

下面给大家介绍5名优秀店长，可以说他们在各自的公司都是不容小觑的人物。读下去你就会知道，他们最初也是做不好店长工作的。

现在他们已经对店长工作驾轻就熟了，但是最初被任命为店长时，他们也会紧张，也遇到过工作毫无进展等各种问题，但是他们都克服了，最终成为优秀店长。希望大家在阅读过程中找到自己想象中的优秀店长的样子，向着优秀店长迈出坚实的一步。

川岛南

（重光股份有限公司Herbs Lumine横滨店店长）

用3年时间从员工变成店长，把店铺打造成"世界第一的打工地点"。

我入职Herbs Lumine之后，作为店员在店铺工作了1年，之后升任二子玉川店的店长。刚当上店长的时候，我每天忙得不可开交，想要做好事务性工作都十分困难，每天身心俱疲。

终于适应了店长工作后，我又开始因和店员的人际关系紧张而烦恼。很多店员的年龄都比我大，要怎么和他们相处呢？自己从员工变成了店长，和其他店员的相处方式要改变吗？那时的我十分苦恼。

我每个月都会抽时间和店员进行面谈，在面对面的情况下去倾听店员的声音和想法。能为店员分忧、帮店员解决问题，我自己也感到十分开心。

有时店员做错了事情，如果他自己意识不到哪里错了，就不会改正甚至会再犯错，我就会给他解释哪里出了错，会用很多种方式解释直到他听懂了。

在这个过程中，店员们学到了真东西，告诉我在店里工作很开心。店里的回头客越来越多，兼职员工也渐渐记住了客人们的面孔，客人到店里时店员们都会主动热情地打招呼。

等到我被调动到横滨店时，店员们对我说："二子玉川店是世界第一的打工店铺。""这里有我们继续坚守着，您放心地去横滨店吧。"我现在回想起来还是会感动地流泪。虽然在这3年中我犯过很多错误，但是我把店铺打造成让店员和顾客都感到幸福的店铺，我的目标实现了。

作者点评

川岛南是一个很认真的人，即使是会议报告和每月报告他都会十分用心地去写。他觉得这些都是店长分内的工作，然而有的店长不这么想。他也靠着自己的细腻和体贴与店员们构筑了良好的人际关系。

户川薰
（Bodywork股份有限公司营业部组长）

本着"顾客至上"的原则开展工作，一切都会发生改变。

　　我曾做过1年的治疗师工作，后来做了5年区域经理，管理8家Raffine店铺。我们公司的店长主要是做店铺运营工作，管理工作由区域经理负责。我做治疗师时的成绩得到了认可，没当过店长直接被任命为区域经理，当时的我十分不安。我从店铺运营开始学起，逐渐运用到管理实践中。

　　我管理的店铺中有的业绩十分差。为了改善经营，我和那家店的店长多次进行面谈，听取了店里的实际情况，也说了我注意到的问题。但是店长并没有听我的意见，甚至发生争吵："你怎么就不能理解我呢？"之后店长哭着回了店铺。我有时会不经意说出："我只是希望有更多的客人来店里，希望客人能够开心。你能理解我的想法吗?"店长说:"可以的。"因为我和店长想的都是顾客,所以他能够瞬间理解我的想法,也正因为那次面谈,我和那个店长统一了意见,之后的面谈进展得很顺利,店里业绩也逐渐变好了。现在当我和店长、治疗师们交流时,都会说:"这样做的话对顾客有利,是为了顾客。"我们所做的不是为了自己也不是为了员工,而是为了顾客。而我是真正地切身体会到其重要性后才发生了现在的改变。

作者点评

⌣

户川薰具有很强的执行力,交给他的事情他会立即付诸实施。能听取别人的意见也是一项重要的品质。面对问题,他不逃避,积极解决,这也是他能在公司里得到提拔的重要原因。

须须木由贵

（Synergy Japan股份有限公司Plus正骨院守口总院院长、针灸师）

把自己的想法强加于人容易导致店员离职。

　　我在Plus正骨院守口总院担任院长，截至去年我院是8个店铺中离职率最高的。因为我一直是以上级的姿态向员工发布号令："你要这么做""你要那么做"。店员不听我的意见，不按照我的指示去做，他要辞职我也没有办法。我甚至认为反对我的人在这行里是做不下去的。

　　然而去年，我特别精心培养的员工竟然辞职了，那时我十分受打击。首先他的离职对前来就诊的患者是一种损失，另外也给他的职业生涯带来了不快，此外我还得重新培养店员。我也因此开始怀疑，按照这种做法搞下去，任何人都是受害者。

　　我的改变是因为我的一位旧友，他是我们正骨院的代表，我去拜访他。当我25岁刚刚入职时，我从冈山来到大阪，当时我在大阪只有一位朋友，就是高阶先生。他看我经常一个人，总会叫我一起吃饭，或者带我一起去拜访病人。

我特别感谢高阶先生的热心和照顾，我想我也要成为这种为身边的人做事情的人，让身边的人也能开心快乐。在拜访他之后我的想法发生了改变。在培训员工的时候我告诉大家要珍惜自己身边的人，可我自己都没做到，所以店员们才会一一离职。之后我改变了自己的态度，不再把自己的想法强加给别人，和店员们相处时总是心怀感激，从此店里的离职率降到了0。

作者点评

须须木由贵是我见过的最为热血的店长。他的学习量和实践程度远非他人可比。他绝对不会偷懒的工作状态中传达了他对前来就诊的患者的热情。

福井真希子

（Misawa股份有限公司Unico事业部级下商铺首席监管员）

交流使员工和店铺共成长。

　　我个人十分喜欢Unico这家店，当看到这家店的招聘启事后第二天便来投递简历。先后做到了副店长、店长、监管员，现在的职务是首席监管员。在每个岗位上我都感觉到交流的重要性。当我还是店长的时候，店里每晚8点下班，我会用1小时时间和店员们开一个"真心会议"。在会上，我们没有上下级关系，只要把自己想到的、看到的东西坦率地说出来就可以。这些都是为了提高店铺的待客质量，强化店内组织结构的。

　　店长其实特别想知道店员们的真实想法，店员开心的话，我愿意和店员一起分享；如果店员情绪低落，我就愿意给店员加油打气。在这样的环境下和店员们交流，我自己也会得到锻炼，所以我在店里完善了这种彼此交流的会议形式。

　　店员们因为觉得我能够听取他们的意见，也会给我提出一些改善经营的意见。有时普通店员很难说出自己的真实想法，这样在会上进行交流，即使新入职的员工也会很快适应环境，并在短时间内提高自己的交流能力。

　　我曾很多次收到过店员给出的不错的建议，有时还因为能够敞开心扉交流，场面令人感动得流泪。通过每天的"真心会议"，店员们习惯了把自己的想法做成提案并落实、执行的循环模式，各个店员也都成长为可以独当一面的员工，在大家共同的努力下，我们店里的业绩在所有店铺中排名第3。现在"真心、坦率"已经成为我们店里的行动准则。

作者点评

⌣

福井真希子能够与店员推心置腹地交流，虚心地接受店员的意见建议。她不仅注重销售业绩，更加注重店铺的商誉，并且发自内心地尊重公司的社长，这一切都支撑着她的成长。

山崎明希子

（Idutu Mai Izumi股份有限公司 食品事业总部
猪排饭Mai Izumi Ecute上野店店长）

分享"店里的每个人都是商品"这一想法。

我作为店长在日本桥三越、池袋东武商场工作了10多年。在这过程中我觉得最花费时间的事情是培养员工和强化团队。

我十分用心地培养店员，我希望他们即使再忙也能热情亲切地与顾客交流。当我不得不批评店员时，我自己已经做好了被店员讨厌的心理准备，把自己对店员的期待和要求十分清晰地传达给店员。

不仅是我自己，我希望店里所有人都能以统一的服务质量来接待顾客，为此专门制作了确认表，内容有：玻璃脏吗、货架上的商品补全了吗、笑容自然吗等，把这些在待客过程中的重要项目摘出来让大家在空闲时进行确认。确认表

终　章　成为优秀店长后的烦恼

每天会被填写很多次，店员从顾客的角度审视店铺、审视彼此。

所有的店员都能够细心地接待顾客，对顾客都是笑脸相迎。在每年3次的顾客满意度测评中我们店铺总是得满分。

如果购买商品的顾客当天一直没有笑容的话，店员可以在把商品递交给顾客时露出阳光的微笑，这样的话也会把正能量传递给顾客。要记住自己也是店里的一件商品，要给顾客留下好印象，取得顾客的信赖，这也会有助于提高店铺的收益。

我曾经也想过辞掉这份工作，但是，和我一起工作的同事、上司及顾客让我放弃了这种想法。怀着对大家的爱与感谢，我愿意继续努力工作。

作者点评

山崎女士的店员们都能够回答出企业理念、年度方针、事业部门方针、店铺方针，这实属难得。她把最重要的东西教给店员，让店员有统一的理念支撑，这样店员就不会动摇。店员们强大的执行力带来了连续增长的销售业绩。